U0111708

大展好書　好書大展
品嘗好書　冠群可期

武術特輯

66

太極推手秘傳

安在峰　編著

大展出版社有限公司

題：安在峰先生《太極推手秘傳》一書出版

太極拳是文化遺產
応保護

張耀庭遵書
九0年八月

序

安在峰先生，1957 年 11 月出生於江蘇省豐縣趙莊鎮安莊，我國著名武術理論家、作家，現為中國體育史學會會員。他自幼習武，精通太極拳，擅長太極推手，功力深厚，技藝精湛，善於總結，著述頗豐，在省以上級報刊雜誌上發表學術性文章數百篇；出版武術、中醫專著六十多部。其作品多篇（部）在全國獲獎，他編著的《出招制勝》一書獲第七屆全國「金鑰匙獎」優勝獎。

太極推手是以上肢、軀幹為攻擊部位，運用「掤、捋、擠、按、採、挒、肘、靠」等技法以達到借力、發力，使對方失去身體平衡的一項具有對抗性、娛樂性、健身性、傳統性的體育運動，也是太極門系的一種練功方法。由推手練習，逐步掌握人體在技擊格鬥中的基本規律，為太極拳技擊技術的運用打下良好的基礎。它是太極拳的一種懂勁功夫，是一項傳統的獨特的對抗形式。太極推手愈來愈受到國內外

朋友喜愛。

　　《太極推手秘傳》介紹的，是以太極拳理論結合太極推手方法、按照意拳的練功形式、遵照競技推手的規則發展起來的一門新的科學訓練理論體系，是作者從事二十多年研究的成果和經驗。在編寫過程中本著由淺入深、循序漸進、深入淺出、理論聯繫實際、功用兼備的原則，儘可能地建立起系統化、規範化、科學化的技術體系。本書在編寫過程中參閱了大量的古典太極拳文獻和現代太極推手資料，注重理論，注重實踐，兼顧初學，著重於提升。敘述簡明，圖文並茂，照之研讀，可理明功進，學則會，練則成，用見效。可謂一本學習太極推手、提升技擊能力的好教材，實屬一部太極推手真傳秘法，希望國內外廣大太極推手愛好者喜歡。

原國家體育運動委員會武術研究院副院長

　　　　　中國武術協會副主席　張　山

　　國家武術管理中心副主任

前 言

太極推手是中國一項寶貴的民族文化遺產，是我國武術寶庫中的一顆明珠，它不僅有高深的哲理，而且有高深的技擊價值，同時又是一項集娛樂、保健、競技、強身於一體的體育運動。

本人奉獻此書，是為了弘揚中國武術精神，推廣太極拳精華，普及太極推手知識，傳播太極推手技藝，教授太極推手方法，提高太極推手運動水準，促進太極推手運動的發展，增強人民的身體素質，為人類的健康事業盡綿薄之力。

原國家體育運動委員會武術研究院院長、中國武術協會主席、國家武術管理中心主任張耀庭先生為之題了詞；原武術研究院副院長、中國武術協會副主席、國家武術管理中心副主任張山先生審閱了此稿，並欣然為之作序；本書在編寫過程中，參閱了拙著《太極推手絕技》《太極推手快速入門不求人》，張山先生的《中國太極推手》，人民體育出版社的《太

極拳運動》，《武林》《武當》雜誌等大量的文獻資料；呂方軍先生給予了大力支持和幫助，在此一併謹表謝忱！

由於時間倉促，加之水準所限，書中不足之處在所難免，敬希讀者批評指正。

編著者

目　　錄

太極推手秘傳

太極推手秘傳

第一章　概　論

　　太極推手古代稱為「搨手」「打手」「揉手」等，是太極拳運動的一種對抗形式。它蘊藏著民族的文化內涵及古老的東方哲理，是以上肢軀幹為進攻部位，運用掤、捋、擠、按、採、挒、肘、靠八法，以達到借力發勁，使對方身體失去平衡的一項傳統性、健身性、娛樂性、競技性的體育運動。

　　太極推手真傳功夫是太極拳系列的功夫之一，是太極推手的高級訓練手段。是透過站樁、行步樁、疾步樁、單操手、聽勁、化勁、發勁、推手、實作九種修練系統進行訓練的方法。

　　以上九個修練系統，具有很強的系統性，如果單純以功的角度來講，功由站樁、行步樁、疾步樁而得，由單操手而懂，由聽、化、發而知，由推手而熟，由實作而用。總之，只有由以上九個系統的系統練習，功夫才能篤實。

第一節　太極推手的發展簡史

太極推手是在 17 世紀 70 年代的清初由陳王廷創造的，是繼承明代各家武術技擊法加以發展的武術運動，他在《拳經總歌》開頭說：「縱放屈伸人莫知，諸靠纏繞我皆依。」「諸靠」指的是兩人用手臂互靠，纏繞往來，運用「掤、挒、擠、按、採、挒、肘、靠」八法和勁別來練習全身觸覺的靈敏度。這兩句話概括地說明了推手的特點和方法。

到 18 世紀中末葉，山西人王宗岳以及 19 世紀中末期河北永年人武禹襄、李亦畬，充分發展了太極拳理論和練法，各自寫下了總結性的太極論文。

1962 年，國家體育運動委員會武術處就希望上海試驗推手比賽，制訂規則。1962～1964 年，上海市體育宮曾舉行過 7 次推手友誼賽，1978 年秋冬兩季，徐匯區體育場舉行兩次推手比賽，修訂了規則，為全國性推手比賽試驗提供了藍本。1979 年，太極推手作為試點項目，在南寧舉行的全國武術觀摩交流大會上進行了首次表演比賽。

1982 年 11 月全國首屆武術對抗項目——散打、太極推手表演賽在北京舉行。1986 年國家體委將太極拳、劍、推手列為全國正式比賽項目，並決定每年舉行一次比賽。1991年對《暫行競賽規則》又進行了修改、完善，經國家體委審定，正式頒布了《太極推手競賽規則》。

1992 年，在濟南召開了第一次全國太極拳推手觀摩交流大會。1993 年在杭州舉行了第二次全國太極拳推手觀摩

交流大會，北京、上海等十多個代表隊參加了這次盛會。
1994年開始進行女子太極拳推手比賽。

太極推手運動經過數十年的探索和發展，透過多次的交流、比賽、研討，逐步形成完整的比賽體系，使太極推手運動邁入了現代競技體育的領域。

第二節 太極推手的道德修行

太極推手道德是練習太極推手的人要遵守的道德。「道」之本義是為事物變化所必須遵循的規律，乃萬物的本體，又以對於事物本體規律的認識謂之「德」，合之為「道德」，這裡的道德是指習推手者行為的準則和規範。而世間多以道德作為衡量尊卑貴賤的標尺。有道德者，雖貧賤尤尊而重之；無道德者，雖富貴且卑而棄之。道德與人，如空氣、陽光須臾不可分離。

古來許多武術家，既以武功稱雄於世，更以德行高尚為世人所贊譽。尚武者尚德，修身正心，於修練功夫的同時，亦注重品德的修養。功夫越大，其德行越高。同樣，因其德行高尚，無慾無妄，乃能恬淡清靜，專心致志於功夫的修練，相得益彰，其功夫愈益增長。

假若習太極推手者根底不正，利慾薰心，背信棄義，爭強鬥狠，追名逐利，淫樂無度，必然氣湧血沸，性情浮躁，且不能潛心練功，則功夫就難以修成。即便偶有所得，且恃一力之強勇，鬥一時之凶狠，滋擾於社會，禍害於人群，不僅喪德，而且傷身，或受法律的制裁，德損而壽折，則難成

為大器。

故習推手者，須先修其德。欲修其德，先修其身，欲修其身，先正其心，欲正其心，先誠其意。如此，才能有助於認識習推手的規律。在習推手過程中，道德修行是根本。因此，習太極推手者應從「十二規」做起。

一、遵法紀

法是由國家制定或認可，並由國家強制力保證實施的行為規範和總和，是以規定人們在一定的社會關係中的權利和義務的方式來調整人們行為的。因此，守法是推手德行中重要的內容之一。

法律是人民群眾意志的集中表現，是維護和發展人民群眾利益的工具。遵紀守法就是按照人民的意志辦事。違反法律就是違背人民的意志，就要受到法律的制裁；只有依法辦事，遵紀守法才會受到法律的保護。

練習推手者應嚴於律己、遵紀守法，才能為練功創造好的環境，才不失練習推手的意義。

守紀就是按照規章、條文辦事。有紀律的最高標準就是真正維護和堅決執行法律，嚴格遵守各種規章制度，因此，需要作出一定的努力，克服外部困難與內部障礙，特別是來自思想的干擾。練推手者嚴格遵守紀律，嚴格約束自己，身體力行，既可以鍛鍊意志、提高意志，也可自我調節與控制機能，從而更好地練好太極推手。

二、立志向

立志就是立下練好推手的志向。人的練習推手行為是在思想意識的支配下進行的，一個人樹立什麼樣的武德志向，在很大程度上會影響他在武德修養中能達到的水準。在習推手中我們常常看到，有的人對自己要求得很嚴，練習很吃苦，不怕疼不怕累，能夠出大力流大汗，常年堅持，一絲不苟，能夠虛心學習，認真鑽研。有的人胸無大志，平時練功三天打魚，兩天曬網，草草了事，不下力，怕吃苦，整日懶懶散散，鬆鬆垮垮，昏昏沉沉。到頭來，有志向的人精神振奮，功夫大進；胸無大志的人精神萎靡不振，功夫不見長進。所以，在練推手中立志是非常重要的。

習推手要先立志，有了志向，再大的困難也難不倒自己，再大的苦也能吃，再大的累也能受。立志是練成上乘功夫的根本保證。

立志必須腳踏實地、勤勤懇懇、持之以恆。有句俗話說「常立志者立短志，立長志者立大志」，就是說志向高遠的人總是從長計議，用較長的時間和努力去實現自己的志向。

三、守公德

公德是維護人類社會公共生活所必需的行為規範，是人類社會的公共道德，是人人都能接受、都能遵守的維護社會秩序的行為規範，是用以維護公共生活，調節人與人之間、個人與社會之間關係的行為準則，是大家都遵守的道德規

範。遵守公德是人們精神面貌的反映，是良好武風的具體表現，也是衡量一個人道德品質的重要標誌。

練推手者重要的道德規範有：彼此謙讓，互相尊重；敬老愛幼，助人為樂；行為規範，禮貌待人；遵守諾言，誠實守信；刻苦鑽研，精益求精；團結互助，共同協作等等。遵守公德不僅對於維護社會公共生活秩序具有重要的意義，而且對培養道德品質，改善推手風氣，建設精神文明，都有重要的意義，因此，習推手之人要守公德。

四、正心術

「心為一身之主，萬事之源，文武之根本也。術者心之法，有仁與不仁之分。正者無偏依邪曲之謂」。堯舜將其稱之為「知忠」，柳下惠將其稱為「直道」。在新的時期就是平時堅持忠誠老實、光明磊落，講實話，講真話，幹實事，言行一致，表裡如一，無限熱愛自己的事業，堅持真理，開拓進取，勇於思考，勇於探索，勇於創造，尊重事實，服從客觀規律。隨著客觀事物運動過程的發展，不斷地把武術事業推向前進。否則死抱著錯誤的觀點和錯誤的想法不放，無視新情況、新問題、新方法、新理論，就會把科學的正確的轉化為謬誤的偽科學。因此，習推手者要時時正心術。心術時時正之，還怕他說你不正？

開始要心平氣和，靜下心來，仔細觀察，找出自己的不足和缺點、錯誤，嚴格要求自己，及時認真地改正缺點錯誤，使之無時不正；這樣時間久了就能平靜下來，就能善於區分真理和謬誤，就能堅持真理，服從真理，就能服從客觀

規律，心就常若明鏡空懸，就能正確地掌握練功方法和要領，其功夫自然就會不停地長進。

五、慎威儀

　　慎威儀就是要時時注意懂禮儀、講禮貌、有禮節、有儀表。禮儀又是一種極其有趣的文化現象。是人們在交往時所認同的準則和行為規範。禮貌是人與人之間在日常生活中，相互表示敬重和友好的行為規範。禮節則是人們日常生活中，特別是在交際場合相互問候、致意、致謝、祝願、慰問以及給予必要的協助與照料的慣用方式。儀表是指人的外表，即容貌、姿態、風度等。

　　練武之慎威儀，就是要遵守禮節，學會尊重別人，平時注意穿著打扮，衣著要整潔合體，說話要和氣，對人要和顏悅色，要學會謙讓，舉止大方，言談得體，與人較技，要遵守規則，切磋技藝點到為止，求教於人要誠心誠意，虛心好學。這樣才能有助於別人對你的了解，才能得到真傳，才能有助於功夫的長進。

　　要做到慎威儀，應隨時隨地注意自己的舉止言談，注意禮儀規則，把禮貌二字所包含的豐富的內容，像吸收營養一樣，融入自己的生命中，只有這樣才能在任何時候都顯示出「動於心，發於情，止於禮儀」的良好修養品德。

六、寡言笑

　　古人云：「言多必失。」又曰：「夫人不言，言必有

中。」又曰：「吉人之詞寡，躁人之詞多。」與其多言必失，何如不言有中，與其多言為躁人，何如寡言為吉人。多言者，不過欲炫耀自己，誇誇其談而不知聽者早已厭煩。與人談話話題要儘可能地適合大家的興趣，要言之有理，言必有中，不要言過其實，不要言之無物，不要過多地使用「我」字，不要自誇，不要饒舌，不要太沉默，不要「搶白」。談話時要注意對方的反應，談話時措辭要巧妙優美，語言要準確清晰，少用雙關語，不用對方忌諱的詞語，要和顏悅色，笑發自內心，要笑得自然。

古人樂然後笑，不樂而笑，非讕即奸，非奸即狂，二者不僅為之討厭，抑且喪心，慎之慎之。

總之，在聽取他人談話的時候，你可以看，可以想，可以觀察，可以思考自己發話的方式和措辭，一般的情況下要多聽，盡量少發話，隨意打斷別人的話，侵占別人說話的時間，使人不能暢所欲言，充分表達自己的意見，不僅不禮貌，而且有可能使自己對他人的了解並不充分，並不全面，也可能造成在他人身上該學的功夫而學不到。

要知道，話好不在多，讓自己多聽多想，多做準備，讓自己的話雖然說得少，卻句句有分量，有道理，有情趣，句句動聽，句句精彩，這才是真正善於言談的人。

七、速改過

古人云：「人非聖賢，孰能無過，以此恕人，則為有量，以此自恕，則為回短。過本無心之失，知而不改則有心為惡矣。改貴乎速，不速則為吝，吝則不改矣。此非身心之

小識，學者切勿輕視也。」一個人有優點，也會有缺點。列寧曾經說過類似這樣的話：世界上只有兩種人沒有錯誤和缺點，一種是還沒出生的人，另一種是死去的人。意思是說沒有缺點和錯誤的人，世界上是沒有的。因此，我們習推手之人要像魯迅講的那樣：「我的確時時解剖別人，然而更多的是無情地解剖我自己。」經常想想自己的弱點、缺點和錯誤，保持清醒的頭腦，這樣做對於自己是有好處的。

比如在練功的過程中，要時時檢查自己的練功方法及動作，去發現自己的不足和出現的缺點和錯誤，並及時加以糾正，這樣不僅在練功中少走了彎路，少花費了時間和氣力而能及時地找出正確的練功方法，使功夫大有長進，正像陳毅在《六十三日述懷》一詩中寫到的：「一喜有錯誤，痛改便光明。」因此，有錯速改，改之則進。

能夠進步就是一個不斷發現缺點、錯誤，認識缺點、錯誤，改正缺點、錯誤的過程，缺點糾正了，錯誤改正了，這就進步了。只有這樣不斷地進步，才能使功夫日臻完善，使功夫達到高深的境界。

八、納直諫

自己有過或做錯了動作，大多是自己認識不到的，往往都是自我感覺良好，如果師友能直接給予指出或告訴自己，這是對自己的關懷和幫助。能幫助自己及時認識到缺點和錯誤，能促使自己的進步，這是好事，我們應誠心誠意地接受師友的直諫和批評，並加以認真地糾正，認真地改過。

古人云：「益友有三，直為第一，凡直諫者，皆第一好

友也，積其人不盡善，而要取益我者，不能過此也納云者，乃真心改過，且蒙諫者之深恩也。苟納直諫，凡為我之好友者，皆直也。反是則闒讒面諭之人至矣，由不自，能至士，而日趨日，下者乎。」因此，練武之人要找那些能直接指出自己的缺點、錯誤者為良師益友。並虛心接受良師益友的直諫，在良師益友的幫助下定能登上功夫的神聖殿堂。

九、思孝悌

「孝為百行之源，悌在其中，其道甚大，其事甚繁，而要總根於愛親之心。」愛親者就是要有師慈徒孝、兄賢弟恭、朋親友愛，就是要求要與人為善，以愛人之心寬恕他人，求及安寧祥和。

自古聖賢豪傑無不孝悌，古人所以都以大忠臣於孝子之為楷模。愛親之心，生於思，常思父母養育之恩，思到痛切處，就自然不能不愛了。有愛親之心，自然就會有愛心和自覺行善多做好事，就會形成「泛愛眾」的思想體系，「兼善於天下」。就會出現相互關心、相互照顧、相互幫助、互敬互愛、尊老愛幼等良好的社會風氣。

十、親師友

尊師重道是傳統美德，習武者應尊師長。這不僅在行為舉止上要謙和禮下，恭敬從命，更應該聆聽教誨，認真實踐，好學上進。珍惜老師的辛勤勞動和付出。

古人把「師居三尊，友列五倫，與父母、兄弟並重者

也」。玉不雕琢不成器，人不教育不成才，故老師與父母同樣承擔著同樣的任務——教育，因此對待老師要像對待父母那樣孝順，要像對兄弟那樣注重恩情，要像對待朋友那樣講義氣，恩義並重。對待老師如此，對待朋友也應這樣，凡有共同愛好、共同理想、共同志向者都是朋友，不必要非結拜之後才成為朋友，親如骨肉，皆以恩義，內外如一，這就是所謂「信」，桃園之交也不過如此而已。

十一、戒戲謔

我國素稱禮儀之邦，有悠久的道德傳統。武林中曾有「未曾學藝先識禮」之說。習推手者平時要有禮貌。要做到言必行，行必果，言行一致，不可兒戲。戲謔之風是學推手中之大惡風，如此風不除，時間長了就會形成陋習，造成禍端。惡習多的人不僅被人輕視，而且敗壞風俗。因此習推手之人，要戒戲謔。

十二、勤學問

知識是無窮無盡的，學習也是無止境的。一個人要想有學問，正確的態度是：既要勤學，又要好問。毛澤東常說，學問、學問，學與問是不能分離的。所以，真正好學的人，一定也是虛心好問的人。

在武學中，也像學其他學科一樣，也常常會有不理解的問題。因此，要向小學生那樣虛心求教，不恥下問。在學習中千萬不要覺得向別人請教是難為情的事。這是不必要的，

我們要打消顧慮，養成虛心好學的習慣，不僅向書本學，從實踐中學，向老師學，向同學學，還要向周圍的一切人學，只有這樣才能使自己獲得更多的知識，才能真正地把功夫學好。

不循十二規，就不能說已學太極推手，既循十二規，又不可以不練太極推手功夫。經常練習太極推手功夫，可以和氣血、壯筋骨、長精神、祛百病，又可以防身自衛。故武可百年不用，不可一日不備，所以，武術歷來都被人們高度重視。為了使學習太極推手者能規範其行為，學習時有所遵循，特立此十二規。如能遵循十二規，並由努力刻苦練習，就會真正成為德、功兼備的武術人才。

第三節　推手功夫的修練步驟

推手功夫的修練大體上要經過「更舊思想、樹新理念」「故步自封、停滯不前」「打破框框、尋求突破」「清除障礙、衝過難關」「不斷晉升、逐步提高」「自找不足、力達標準」六個步驟，這六個階段揭示了功夫長進的規律及修練的方法和注意的事項，現將每步分別介紹如下：

一、更舊思想　樹新理念

更新舊思想就是清除頭腦中的舊意識，改變原有的思維習慣。使之能夠適應事物發展變化的客觀規律。對於修練太極推手功夫的人來說，就是要清除頭腦中原有修練功夫的思

維習慣和方法，使之能夠不斷地適應新內容。特別是對於曾經習過拳練過武的人講，就是要摒棄過去舊的練武方式和招式，清除過去習拳練武中形成的思想意識和動作習慣。不但要清除，而且要徹底清除乾淨，一絲一毫的舊觀念、舊習慣都不能帶入這個全新的領域。

應該像從未習過拳術那樣，從頭開始，從零點起步。只有這樣才能正確地接受全新的太極推手功夫的全部內容。樹立新理念就是透過對某些事物、事件的認識，在頭腦中形成一種新概念和觀點。在太極推手學習中就是透過學習，接受新的訓練理論和新的練習方式、方法。將接受的新理論用來指導自己的行動或訓練，用接受的新方法來提高自己的訓練水準，提高自己的功力及實戰能力。

人們在日常生活中取得了許多知識，感性的、理性的都有。日長天久，形成了對周圍環境的認識，或多或少的有了自己的見解，並據此思維得出對事物的結論，進而決定自己在這些事物面前的行為準則。久而久之，就形成了固定的思維習慣，不論遇到什麼事，都會按照這種習慣思維得出結論，並做出反應。所謂仁者見仁、智者見智就說明了這一點。人們一旦形成了固定的思維方法，改變起來很難。但是社會生活在不斷變化，新事物層出不窮，知識不斷地更新。如果死抱著舊的思想觀念不放，不去適應更新，那麼，就很容易被淘汰。

以上所說是在社會生活中人們要跟上時代的發展變化，就要不斷地清除頭腦中的舊思想、舊習慣和舊的思維方式。對習拳練武追求功夫的人而言，也是如此。許多人以往練過拳術，受老師指教，與他人交流，或從書籍中汲取拳術功夫

方面的知識，加之曠日持久的行拳走架，體能的鍛鍊，手、眼、身、法、步都有了固定的動力定型，或者說是習慣動作，舉手投足自然地形成了模式。而今要習練這個全新的太極推手功夫，就要完全改變過去的思想觀念和舊的習慣動作。只要自己認識到過去所練的功夫是完全不適應這個科學而全新的太極推手功夫的領域，必須徹底丟棄，那就能很快而樂意地接受這個全新的東西，就不會抱著舊思想、舊觀念不放，就能很快地改掉過去的舊的動作習慣，就能很快地學習太極推手功夫中新觀念、新動作、新方法，這樣就會有進步，就做到了更新舊思想。

百廢俱興，從頭開始。眾所周知，入門既不難，深造也是辦得到的，關鍵是看你能否去掉舊東西，不破不立，無論是社會生活，還是習練功夫，事物各異，其理相同。

但是，需要提醒注意的是，人們多年養成的習慣是很頑固的，隨時都會自覺不自覺地流露出來，此一時消除了，彼一時又可能冒出來，所以還需要不斷地清除，不斷地更新，方能成就大功夫。

歷史上許多有成就的人，都是富有自我更新精神的，沒有更新精神的人是不會進步的。只有經常更新觀念，洗去頭腦中鬱積的舊思想，才能接受新事物。如同一張白紙能畫出最新最美的圖畫一個道理。假如是一張滿紙塗鴉、烏七八糟的紙，任你再高的水準，也難畫出好看的畫來。

練習太極推手功夫還有它獨特的一面，須將人體中後天所產生的拙力換成「圓勁」。圓勁不單純是指力，「力」與「圓勁」所形成的機理不同，運用中的功能也不同。「力」是由肌肉負荷運動鍛鍊而成的；「圓勁」則是在內意的鬆緊

和肢體鬆緊不斷反覆轉換調節中增長起來的，「力」在運用時直僵脆硬，動轉變化不靈，經不住外力的衝擊，使用發放也只是局部力量的爆發。「圓勁」則是進一步提煉合成無處不在的太極勁的必備因素，關於「圓勁」的習練，我們將在後面的章節中專門敘述。

在更新舊思想、樹立新理念階段只求將後天的拙力去掉，為向高層次功夫的遞進鋪平道路，拙力不去，「圓勁」不來，舊的思想不去，新的觀念也難以入腦。正好比下水道中污物不去掉，淤積堵塞水流不通，即使注入新水也難以暢通，必須先把污物掏去，新水才能暢通無阻，所以練功之初，更新舊思想、樹立新理念是很重要的一步。

能不能清除頭腦中的舊思想舊觀念，關鍵還在於自己的思想能否轉變，影響思想的因素很多，凡是不利於修練功夫的事都要忘掉。包括喜、怒、哀、樂、憂、思、煩、悶等心緒，都要摒棄，專心致志地練功，按老師的要求去做。

譬如，在站樁時，應按照功法的要求擺好訓練姿勢，放鬆思想，驅除雜念，調整呼吸，運動意念，細心體會等，凡是與站樁無關的事都不要想，也不要想站這個樁有什麼用，有什麼功效，怎樣運用。

有的樁法不一定直接有用，但必須站下去，這是個打基礎的階段。每個階段有每個階段的要求，不能丟棄就不能跨越，要亦步亦趨地向高層次發展。不同的階段有不同的內容，有不同的體會。而每一層次，每一個階段都要淨化思想和更新觀念。因為昨天所練的內容，到今天就會成為舊的；前一段所練的內容，到現階段就會成為舊的。第一層次的內容，在第二層次已變為基礎被應用，但第二層次必然較前次

有所變化和昇華。

　　一成不變就談不上提高。如果不經常更換新思想，被惰性與舊習慣制約，勢必會影響接受新的東西。功夫的增長是一個螺旋上升的趨勢，不能怕反覆，不能怕麻煩，更要有超平常人的耐心和毅力。

　　功夫的達成，尤其是高層功夫的達成，不是一朝一夕的事情，其間要經過艱苦的訓練。除了按照正確的訓練方法練習外，還要有持之以恆的毅力。

　　當功夫到了一定的層次和階段，力度難度都會增強加大，會出現體力疲憊，肌肉酸痛，難以堅持的現象。有人會出現難為情緒不願堅持下去。這種不正確的思想要及時清洗掉。力度越強，難度越大，恰恰是功夫突破的臨界點。堅持下來，衝過難關，就會取得突破，上升一層。反之，畏難卻步，降低要求，只會造成前功盡棄，半途而廢。

　　排除畏難情緒，亦是更新舊思想、樹立新理念的一個重要方面。在困難的時候堅持下來了，功夫有所進步，逐漸達到一定的層次，有些人又會沾沾自喜，滿足於已經取得的成果，從而盤桓不前，原地踏步，這也是功夫進升的大敵，也在必須清除之列。古人云：滿招損，謙受益，應該始終保持謙遜的態度，去不斷探求和進取。

　　太極推手功夫的至高境界遠非輕而易得，修練功夫的人之所以多如牛毛，成如麟角，亦在於許多人達到一定水準之後便滿足現狀，就此駐足不前。太極功夫越往高層次進步越慢，原因有二：其一是功夫層次越高，修練的難度越大，越難以掌握；其二是人們不能戰勝自我，抵禦不了頭腦中的成就意識和滿足感。滿足於已取得的功夫，不願將原有舊東西

洗掉，認為辛辛苦苦修練成的功夫棄之可惜，殊不知這正是向至高境界攀升的最大障礙，更是思想上的沉重負擔。非有超人之毅力不能清洗掉頭腦中的束縛。能更新舊思想者則成，否則就會故步自封、停滯不前。

下面我們就談談故步自封、停滯不前的問題。

二、故步自封　停滯不前

在修練太極推手功夫的過程中，會不斷出現修練到一定水準上停滯不前的現象，我們稱之為故步自封、停滯不前階段。

其實，不僅在修練功夫中，即便在社會生活中也常常會出現故步自封、停滯不前現象。如上節所述，有的人在計畫經濟時期，長期按計畫經濟那一套辦事，久而久之，形成了固定的行為和思維模式，到了市場經濟階段，依然按照原來的思維方法去考慮問題，處理事物，勢必與實際情況不相符，造成許多錯誤。小則誤事，大則誤人誤己，甚至誤國誤民，其教訓頗為深刻。

在習練太極推手功夫中出現了故步自封、停滯不前的現象，則會造成功夫沒有長進，費時費力，徒勞無功。如果不及時糾正，便會長期在這個誤區中走不出來，誤了功夫，誤了自己。所以，要防止故步自封、停滯不前現象的出現，就要經常更換舊思想，樹立新觀念。練功中只有時刻保持清醒的頭腦，不斷進行自我更新，才能提高進步。

為什麼會出現故步自封、停滯不前的現象呢？其原因是：

有的人是受某種觀念的束縛，在思想上跳不出舊框框，總是在那個舊框框裡徘徊不前。過去流行一句話，叫做「拳練萬遍神意現」。許多人抱著這個觀點，在那裡專心致志、認認真真地盤拳走架，每天一遍，或幾遍甚至幾十遍地苦練，常年堅持，不斷地研討手高手低、步大步小、快慢勻整等等姿勢的正確與否。結果始終不見廬山真面目。有的人終其一生，練了不計其數遍的拳架和套路，也未曾「神意現」，豈不悲哉。

究其原因在什麼地方呢？不是這些人練拳不認真，也不是拳架編排得不合理，而是他們沒有走出「拳練萬遍神意現」的誤區，出現了故步自封、停滯不前現象，在這個圈子裡盤來走去，始終沒有突破出來。誠然，盤拳走架是必須習練的，但應該澄清的是：盤拳走架只是基礎階段的課程，有了一定的基礎之後，就要進一步修練新內容。

如果不練新內容，總是教條地抱著一句話，任你拳架盤得再優美，姿勢走得再規矩，功夫也不能長進。正好比一個人學文化，要從小學升到中學、升到高中，再上大學一樣，每年都不斷地學習新課程，增加新知識，如此方能成才。假如始終停留在小學的課程裡，哪怕每次考試都是一百分，年年都是成績優秀，這樣即使上個十年二十年，永不能達到大學水準。比喻起來似乎有些可笑，可是那些抱著「拳練萬遍神意現」的觀念的人，不就是如此嗎？

譬如，太極拳講究鬆柔，這無疑是正確的，但只練鬆柔，一味地鬆柔，就大錯特錯了，太極拳的鬆柔是由內勁支撐的鬆柔，並非一鬆到底，一鬆到底是懈不是鬆，如此鬆下去，怎樣能達到發勁剛猛呢？

這也是一種故步自封、停滯不前的現象，武術界有真功夫的人少而又少，其原因多是某些觀念束縛住了，思想上的故步自封、停滯不前，功夫上也故步自封、停滯不前了，停留在某一水平上晉升不得，所以，必須打破舊框框，轉換思想，使頭腦經常性地清醒，防止故步自封、停滯不前。

　　故步自封、停滯不前是一種普遍現象，是在潛移默化中不自覺地形成的。如上所述的許多人，出現故步自封、停滯不前現象是在不自覺中發生的。練功中並非偷懶輕浮，也不是那些觀點沒有道理，而是他們不能自覺地去尋求突破，並檢驗某種觀念的分階段的相對正確性，於是無形中形成故步自封、停滯不前的現象，封固了思維和手腳。

　　例如：有的人練習樁功，認識到站樁是打好基礎的關鍵，恆下一條心，扎扎實實去練。但是，在需要變化提高的時候仍一味地死站，不去進行下一階段的修練，結果是在打基礎這個問題上出現了故步自封、停滯不前現象。此時老師應及時檢查其樁功習練的程度，及時引導他進行下一階段的訓練。反之，輕取躁進，虛浮不實也會停滯不前。

　　有的人在站樁上沒有練好時，就急於去練行步樁、疾步樁等後階段的東西，哪知根基沒打好，新東西就成了無皮之毛，根本不可能練好，最後只好從頭再來，勞神費力，誤時誤功。這種故步自封、停滯不前現象，主要應在思想上端正武術功夫並不是一朝一夕短時間可以練成的，要亦步亦趨地由低向高、由淺入深地遞進增長，不可能一蹴而就，也不可能在幾個月就練成功夫了。

　　太極推手功夫最低檔要求站樁要連續不間斷練一百天，行步樁練一百天，疾步樁也要練一百天，這樣加起來十個月

左右的時間才能初見成效。

　　另外，還有一些人經過幾個階段的習練，身上有了一些功夫，就一律認為日積月累、持之以恆就會功夫大成。其實不然，每個層次上的功夫不同，習練方法也不同，即使是行之有效的方法，也只能在某一階段上起作用，在更高層次上就未必見效，或許還會有弊端。

　　就像形意拳的三步功夫，講究明勁、暗勁、化勁，而練出明勁的很多，但練出暗勁和化勁的可以說寥寥無幾了。這是因為什麼呢？其一是沒有明師傳授，不得入門要領，不知練功途徑在何方；其二是為「剛極必柔」的拳經所誤，行拳走架時剛猛快捷，再求更剛猛快捷，認為這麼剛練下去，剛到極頂自然就變柔而出暗勁了。

　　試問，有幾個人如此練出了暗勁呢？實踐證明，剛極未必柔，倒是剛極必折已為無數事實所驗證了。許多人都在這個問題上故步自封住了，影響了功夫的增進。

　　故步自封、停滯不前不僅是普遍性的，也是階段性的。在練功的每個層次上、每個階段上都可能出現故步自封、停滯不前的現象。即使出現了故步自封、停滯不前的現象，也不必擔心害怕。就像蠶結殼一樣，這是完成了一個蛻變過程。一旦突出繭殼，出來的已不是蛹，而是蠶蛾，由幼蟲變為成蟲，生態上是完成了一次質的飛躍。

　　功夫何嘗不是如此？訓練過程中不怕故步自封、停滯不前，怕的是不能清洗頭腦中的固有觀念，不能推陳出新，不能戰勝自我，那才是最危險的。

　　要衝破繭殼，打破框框，走出誤區，新陳代謝，能打破老框框、尋求新突破，才是賢達者。

下面我們談談怎樣打破老框框、尋求新突破的問題。

三、打破框框　尋求突破

這裡所說的打破老框框、尋求新突破有兩個方面的含義：其一是從故步自封、停滯不前的狀態中解脫出來；其二是在本書所述階段的修練過程中，每上升一個層次，或者說從前一層次上升到後一層次間的過渡。

如上所述，許多人在習拳練武中墨守陳規，抱著某一觀點，一成不變地習練下去，耗費了許多時間和精力，卻並未練出真功夫，更別說達到上乘功夫的境界。其原因是困於某種行拳的規矩和拳術觀點之中，思想意識上步入誤區，功夫也停留在那裡，不再增長。打破老框框、尋求新突破指出了一旦陷入誤區怎樣儘快地從誤區中解脫，從而更換思想，改變練功方法，回到正確的修練途徑上來。

打破老框框、尋求新突破要在內因的省悟與外因的促動下，方可實現。

內因，是對練功者自身而言，就是應從思想上真正認識到過去的失誤和局限性。從內心願意接受新的觀點，充分調動主觀能動性，力求從過去的誤區中走出來，把更新自我，重塑自我作為自覺行動，並落實到具體功法的修練之中。不再固守舊規矩，也不存什麼門戶之見，流派之分。不論以前是練什麼拳種的，都可以步入功夫的正道，而臻於上乘。無論是練內家拳、外家拳、形意、八卦等拳術都可以用「故步自封、停滯不前」和「打破老框框、尋求新突破」的觀點去審量自己的功夫達到怎樣的水準。假若堅持修練多年不見進

步，那麼，就要分析是在哪一階段上出現了故步自封、停滯不前的現象，進即尋求突破的途徑。

為此，我欣然將自己數十年研究成果行諸文字，公諸於眾。為使讀者易於理解，便於操作，力求深入淺出，詳盡完善，且兼顧理論性與操作性。使讀者修練時有章可循，有法可依。一片赤誠在於能使陷入誤區、故步自封者能儘快尋求突破，隨其步入高層功夫臻於上乘境界，了筆者之心願。若能使故步自封者從老框框裡突破出來，也有外因的作用。

外因由內因起作用，內因又由於外因而發生變化。有志修煉者，要在有教學經驗、功德高的好老師的指導下，要有一本好的教材和好的外界環境條件，按照教材內容亦步亦趨地進行訓練。只要虛心好學，勤奮刻苦，肯於鑽研，莫有不成。由此登堂入室不難，欲求層層漸進亦易，哪有上乘境界達不到的道理。常言道：「功夫不負有心人，有志者事竟成。」

人們的舊觀念、舊習慣根深蒂固，轉變也很困難，或以為蛻皮之論殊非易事，望而卻步。假若固執己見、畫地為牢，解脫出來誠然不易。若虛心好學、勤奮刻苦、一心練功者又何難之有。就像末代皇帝溥儀，幾十年的帝王生活養成的封建帝王思想深入骨髓，充滿血液，可謂深而且固，結果還是被共產黨改造過來了。經過一次脫胎換骨的轉變，成為對國家和人民有益的人。他的轉變，外因的促動是重要的一面，而他自身一心向善的良知良能也是不可缺少的因素。

俗話說：「世上無難事，只怕有心人。」如本書所傳九個修練系統，從前一層次向後一層次的過度突破也是容易做到的。就以九個修練系統第一系統為例。第一系統為站樁，

透過站樁把人身上的僵拙之力鬆去，換成先天之勁，是為換勁階段。首先弄明白為什麼要換勁。因為「力」的產生是由肌肉負荷鍛鍊而成的，運動中呈單一方向，運轉變化不靈。「圓勁」則是在內意的鬆緊和肢體鬆緊不斷反覆轉換調節中增長起來的，是「元勁」（即人體內自然存在的先天之勁）的凝聚，能經得住外力的衝擊，在運動中柔韌綿長，富於變化，隨心所欲。

　　一般地經過三個月的站樁練習，才脫去身上的僵拙之力換上輕靈多變的太極圓勁，此乃完成了一次蛻皮過程。可以進行下一步衝破圓勁的勁，增長掤、捋、擠、按勁等勁的訓練。簡而言之，按照要求進行修練，三個月亦可掌握掤勁，再經三個月推手訓練，就可掌握推手當中的掤化功夫。有許多人在四正、四隅推手中尋找掤化勁，結果來來回回地畫圈子推了多年，也沒有摸到掤化勁。

　　這是因為什麼呢？是因為練功之法不對頭，僅守四正推手的規矩而不進行散推訓練和其他輔助功法訓練，要想掌握掤化勁是不可能的。經驗證明，運用正確的練功方法，在較短的時間裡，可以練習較大的功夫。重要的是不能按照一種模式去練。如果僅在推手畫圈當中去提煉圓勁，鍛鍊掤勁繼而想到掤化勁是不可能的，而圓勁也未必提煉得出來，又怎能練出掤化勁呢？那豈不是妄想。

　　總之，應根據所要求的目標，採取不同的訓練方法，本書後章專門進行方法的傳授。在每一層，每一段都講得很詳細，一步一步地把要求和內容講出來。每一種功法的訓練多長時間練到什麼程度，都有明確的指標。循此修練一般地不會出現故步自封現象，所以，也不必費心勞神去探求打破舊

框框的方法，而達到突飛猛進、逐步提高的要求並非遙遙無期的目標。

四、清除障礙　衝過難關

衝出難關就是打破舊框框，挺過關鍵的時刻，衝過關口。之所以叫做「關口」，是因為有難點或有障礙。能否克服難點、突破障礙是對過關者能力的考驗。經得住考驗就說明已衝出難關，能夠衝出難關則可升級，進入下一階段的練習。於是進行一段訓練後，就對其進行功力的測定，以能否達到要求來決定是否晉升。若能衝過難關則可晉升。

太極推手功夫在每一階段都有它的具體標準和修練目標，並指出了達到目標的具體步驟、方法。使修練者練有目標追求，習有章可循。每衝破一次難關，晉升一次，功夫就長一層。但是，要晉升也非易事，在前段訓練中非要正確掌握方法，下一番工夫不可。

學習的方法是否正確，平時是否用功，通過過關就可以測出來，並由分析，可以找出造成差距的原因，更好地總結經驗。以便克服缺點，糾正錯誤，迎頭趕上。過關不僅是一種測驗，而且也是把過關當作一次戰時的實踐來磨練功夫、鍛鍊意志和提高實戰能力。

太極推手功夫每一階段都要突破難關，這就迫使練功者在每個階段的訓練過程中都要踏踏實實地去做。每個動作、每個姿勢都要合乎規範，並保證足夠的時間和數量，要達到指標就不能偷工減料，縮減時數。特別是練到難以支撐的時候，要以吃苦耐勞，無堅不摧的勇氣和意志去戰勝自我，克

服惰性心理，樹立真功夫造就大功夫的志向。要有大敵當前，非勝即傷的實戰觀念，堅持最後一分鐘，突破難關，奪取最後勝利。

是否能順利衝破難關，這是因人而異的。常言說得好：困難像彈簧，你強它就弱，你弱它就強。這就要看修練者能否挺過當時的困難，若挺不過去則已故步自封；若能挺過去，則已突破難關。

對於初學者，站樁時能否堅持前十分鐘，這是個關鍵，若能堅持前十分鐘，以後就會輕鬆舒服了。因為前十分鐘肌肉會酸痛脹麻，堅持下去，各部的肌肉關節適應了，酸痛的感覺就會減輕，反而會越來越舒服。這是許多人已驗證過的。因而初學者也不要有畏懼心理，生怕過不了難關。有時難關就是在一咬牙而挺過去的。只要有堅強的意志就沒有克服不了的困難。過關訓練就是對人意志的磨練，因而練習太極推手功夫需要過關訓練。

五、不斷晉升　逐步提高

不斷晉升、逐步提高是打破舊框框、衝破難關以後向前發展的一個過程，是一個求得進步提高的過程，是低級階段向高級階段的晉升，猶如臺階層層疊築向高階段。在太極推手功夫中亦是由低層功夫向高層功夫遞進的過程。每提高一步，功夫就增長一分，感覺亦有所不同。彷彿登樓觀景，每高一層，目光放遠些，就又是一番景象在眼前。

為什麼要晉升？顯而易見，不晉升就不會進步。好比從一年級升到二年級那樣自然。假若留了級，就說明學生的學

業沒有學好，須從頭再學。如果留一年就趕上去了，尚不失為可造之材。倘若留一年、留二年、留三年，長此以往下去，完全成了「朽木不可雕也」的笨夫。

太極推手功夫強調晉升，就是要避免留級現象，促使修練者不斷地進步，不斷地使功力增長，不能原地不動。停止了就要及時地找一下原因，弄清在哪裡故步自封了，再針對性地進行突破性地訓練，以求升級進步。太極推手功夫的科學性也就在於它不斷地提醒修練者及時檢驗自己的功夫練到了什麼層次和階段上了，並按照相應的修練方法去修練。不論是修練功夫，還是做其他事情，人們都希望做得越來越好，沒有人願意停留在原地不願前進的，而生活中和修練功夫的人中，往往會有許多人停足不前，數年、數十年不見長進。除了主觀的因素外，客觀上沒有老師指引一條正確的修練方法，也是癥結的所在。

過去，許多拳師給學生一套二套拳術套路，便撒手讓其自己去練，或訓之曰：「師傅領進門修行在個人。」誠然，功夫的修練主要在於自己主觀的努力，但僅有主觀努力尚且不夠，好比上學沒有課本一樣，學生主觀上不論如何努力，也難學成。如今的學校教育，便是首先注重教材的編寫，使所學內容不僅有科學性，而且又有連續性和階段性，嚴格按年級的高低的順序編排，由淺入深，由易到難逐步提高，學生才能易於接受。有了好的教材，再加上老師教授的得當、學生的努力，何愁學業不成。假若將大中小學的內容混編成一本教材，憑這本教材讓學生從小學學到大學是不可能的。再者學校把學生教一年，便對學生說「師傅領進門修行在個人」，你們自己修行去吧，那定是個大笑話。

也有練習者，僅憑幾句拳經去修練，勢必會囫圇吞棗，食而不化，也是很難練成上乘功夫的。修練功夫與學生上學一樣，要透過自身的努力在好老師正確的指導下，按照好教材系統地、有階段、有層次地一級一級地修練，才能使功夫逐步地提高，最後得以修成。

太極推手功夫各階段的功理、功法不同，晉升的標準各異。初步功夫的升級是以站樁靜練為主。由思想放鬆，肢體放鬆、調整呼吸等使人身氣血周流全身，透過站樁將人身上的後天拙力鬆去，換成太極圓勁，這是換勁階段。

為什麼要換勁？我們在前面已略有所述，後章中還要專門講述。因為力具有運動變化不靈性質，於武術技擊中不敷為用；而圓勁則是生生不息，靈活多變的，於武術技擊中可以隨心所欲。「力」與「圓勁」有質的不同，故而必須把「力」換成「圓勁」，方可為以後修練深造打下基礎。也可以說：無圓勁就無從談功夫，圓勁的提煉至關緊要。但按照正確的方法，一般三個月左右就能完成這一階段的修練，即可晉升。

如果三個月過後肢體各部位仍然直立僵直緊硬，或少有鬆柔。那麼，就應檢查一下練功的方法，或經老師指導繼續練習樁功，直至全身放鬆下來方可晉升。初練者必須每天站樁，每次半小時，一動不動，連續十天堅持下來的，才算過關。過關後按照低樁的功法要求，訓練三個月則可進入下一階段的修練，如此一級一級地晉升，直至高樁練成。

那麼，不論樁法高低都要穩如磐石，推拉不動，方顯功力之深厚。欣慰之餘，萬不要忘記須繼續向高層次攀登，否則就會故步自封。只有不斷地晉升、提高，才能達到太極功

夫的上乘境界。

有些樁功可能有些地方在訓練形式上有些相似，但內在的要求已大不相同，功力的形成也不一樣。修練者萬萬不能因站樁單調乏味而棄之不練，要堅持不懈地努力才可大功告成。

六、自找不足　力達標準

修練者應時時對自己的功夫修練情況有一個清醒的認識，正確估價自己功夫達到什麼階段，什麼層次，自身還缺少什麼？哪個方面做的好些？哪個方面做的不好或做的較差，還需要加強哪個方面的修練，要每一步都能認識到不足，不斷地補充完善，使功夫紮紮實實地一步一步地由低級向高層次功夫攀登，減少修練中的盲目性，增強自覺性，減少走彎路或不走彎路。

雖然有時進度可能顯得慢些，但整體上看，由於少走了彎路而節省了許多精力與時間，相比要快得多，紮實得多，因而收穫也大得多。如果不能正確認識自己修練功夫的實際狀況，偏離了正道，盲目修練下去，下得功夫越大，離太極推手功夫越遠，若練成了錯誤的動力定型、養成了習慣意識，要想改正，就要返過關來重新練習，不但要認真開始，而且要花費相當的時間和精力去改正錯誤的動作，進行更換思想。即使進行了回想更換，錯誤的舊習慣未必就一定能徹底根除，再修練新的內容時，就會新舊摻雜，好的壞的同處共存，勢必影響功夫的進程。說不定還會造成故步自封，過不了難關，中途輟學，前功盡棄，也未必可知。

所以，我們提出了學會、習好、修精、練絕、熟化這五個方面作為自檢標準。

（一）學會

學會只是表明修練者有能力去做或知怎樣去做。說明習者對動作姿勢基本掌握，能夠做得出來，但未必能做得好，做得能力尚不強，平時練功或許能做得出來，運用時又未必做得出來，只是會做出些姿勢動作而已，在修練功夫中屬於初級的換勁階段，自身後天形成的拙力換成太極功夫所要求的「勁」，由換勁而練成掤勁，有了掤化功夫才達到好的階段。

（二）習好

習好是在有了掤勁的基礎上進一步修習掤化功夫的過程，此時以增長掤勁為主，依然要加強基本功法的修煉，隨著練功的持續，掤勁逐步地增長，達到相當的程度，在推手的化中掤勁很大，對方的來力能夠掤住，進而求得掤而化之，轉背為順，發勁迅猛，鬆緊轉換也可以自如調節，在對方背勢時能夠隨而發放，取勝於人，但此時必須以相當的掤勁應敵，尚不能以小力勝大力，招法的運用和變化尚不如人意，或者說想做而做不出來，或做得不好，有時好一點，有時不是那麼好，正如人言：人有失手，馬有失蹄，平時練功中可能會很好，而實作中偶有失誤疏漏之處。

此時要認真檢查一下自己，哪個地方還不夠，有針對性地進行訓練，以修補欠缺不足之處，全面提高自身素質，做到好上加好，達到精熟的程度，亦步亦趨地堅持自我修練和

實作練習，才能不斷地進步，不斷地升級，由會而好，由好而精，由精而絕，最終達到化境功夫。

（三）修精

修精又高一個層次。此時自身的功夫全面而有獨到之處。各種功夫都修練得很好，並且有自己獨特的體會和見解，在平時練功中以修練鬆、沉、傾、蕩為主。

開始懂勁，能夠領悟勁的變化，且知道如何用勁，勁複雜多變，八法運化逐漸合成太極圓勁，在推手實作中能做到大鬆大柔，對方的勁一觸及身上即可化掉。圓勁的運用得心應手，一招一勢中同時具備多種勁別。

發勁時意到氣到勁到，意、氣、勁完全結合成一體，無須使出全力也可戰勝對手，能夠以小力勝大力。特別是在困危之際，可以化險為夷，於險境中出奇制勝。由「精」的階段再加強訓練，也可漸漸進入「絕」的階段。

（四）練絕

練絕是把精的階段掌握的功夫再進一步練到純熟精絕的程度。此時已經完全掌握了小力打大力，不用力也能打倒人的功夫。自身已經不再承受來力，對方來力再大，都能鬆空吸化，使對方的力落不到自己身上；後期達到對方來力又快又大也無須躲閃，便可將其鬆空化。

聽勁的功夫十分靈敏，對方給予很小的勁也能聽到，且能聽到對方的內勁——即對方意動而力未出時即可察覺。圓勁的運用不僅隨心所欲，平時舉手投足之際也有圓勁存在。發勁時無意發而發之，無意打而打之，發無不飛，打無不

中。用勁很小，效果很大，對於力量與速度的把握恰到好處，不早不遲，在對方稍露破綻的瞬間，即發勁打倒，甚至在對方腳跟很穩固而身體不背勢的情況下，也可發勁將其打倒，頗有神奇之技巧。

倘與高手相遇即便不能贏，也可依其陰陽五行互生互剋之理，相互制約，使對方無法得逞自己也不至於大輸，雙方輸贏之間相差甚微。功夫修練到「絕」的境界，已非常人所能企及。此時，距化境功夫僅為一步之遙，仍要堅持修練而臻於化境方能達成太極大道。如果停步不前，或終其一生而未能完成這一步的跨越實屬可惜。

（五）熟 化

熟化功夫就是達到出神入化的無意識階段。不僅精妙絕倫，無往不利，而且可以舉一反三，一法衍為萬法，萬法歸為一法，通權達變，運化無窮，無階不能，無時不能。功夫已融入體內，無須意念去想，或根本無須什麼招法，無時無地無為無不可為，無意為而為之，無法無不為法，無法之法是為大法。大有鬼使神差非人力所能作為的神奇境界，乃得太極之大道。

太極推手秘傳

第二章　原　理

　　太極推手的原理是以太極拳的經典著作為理論基礎，結合各派太極名家的論述及作者多年的實踐體會和經驗總結而形成的，是指導太極推手的行動指南，是太極推手技術水準提高的理論根據。

　　太極推手者務必重視熟讀，領會其實質精神，這樣才能儘快地、正確地掌握太極推手，提高技術水準。

第一節　太極推手的力學原理

　　「四兩撥千斤」是太極拳推手中以小力勝大力、以巧取勝、以柔克剛的運動方式，是運用太極內勁功法，避實就虛，引進落空，巧妙地調整力學結構，使對方失去身體平衡的技法。

　　究其原理，不外乎合力、慣性、力偶、旋轉、彈性、反作用力、動量定理的力學原理。

一、合力的原理

合力（即疊加力）的原理就是避開對方的攻擊，順著對方的力向加上我力，兩力作用於對方之身，以產生合力（即疊加力），使對方身體失去平衡而陷入不利的地位，以顯示出「四兩撥千斤」效果。這種千斤加四兩大於千斤原理，是合力（即疊加力）的一個顯著特點。此原理在太極推手運用時要體現出「柔」「順」兩字。

柔是以柔化引動對方的重心，順就是趁對方不穩之機，順著對方來力方向加力。這種技法是借人之力以借我所用的技法，也是太極拳能夠以小力打大力「牽動四兩撥千斤」的具體體現。

二、慣性的原理

太極拳之所以能取得「牽動四兩撥千斤」的效果，正是充分利用了慣性。當我與對方身體相互接觸，意欲加力於對方身上時，對方如果用大力抵抗，我則立即鬆手，撤丟我力，使對方身體受慣性的支配，不由自主地繼續向前而失去平衡，使對方落空；或對方用大力向我攻擊而來，我稍用掤勁，當對方之力加足時，我速抽去掤勁，使對方身體受慣性的支配，不由自主地向前而落空，失去身體平衡；或對方向我猛力撲來，我則閃開，使其撲空，由於慣性的作用，而向前失去平衡。

這種輕輕一抽手或一閃身，使對方之力落空，身體失去

平衡的方法，就是慣性原理運用的具體體現。

三、力偶的原理

凡兩個平行力，大小相等方向相反者，在力學上叫做力偶。力偶雖然不能產生合力，但能使物體旋轉。在太極推手裡，如對方兩手推我胸部；我右手向下按壓對方左臂，左手上抬對方右肘或用左手向下按壓對方右臂；右手上抬對方左肘，無須用很大的力可將對方旋翻於地。再如對方用左手推我右肩部或右手推我左肩部，我的右肩或左肩順著來力的方向轉身避讓，使對方的力不受我身阻力而繼續前進，同時，我立即以左手或右手擊對方右肩或左肩，無須用很大的力，就能使對方身體旋轉。這就是力偶轉變為合力的一種現象。

推手中的「化打」法、「挒」法等等都是力偶在推手中的具體運用。

四、旋轉的原理

在力學上，旋轉是省力的。在太極推手中，也有意識地運用旋轉的原理。例如，對方用左手推擊我右胸部，我的右胸順著對方來手的方向轉身避讓，使對方的力不受我身的阻力而繼續向前，以使對方失去重心，同時以左手向右橫拍對方右肩，不用多大的力就可使對方向左轉摔倒。其旋打的方法很多，例如，單臂挑腋旋打、雙臂挑腋旋打等。旋轉還具有化解來自任何方向力的作用，還可使防護面積增大，可加強力的作用時間，使運動更加穩重、有力、定向。同時也能

使自身的整體性更完整，而使對方難以對付。

五、彈性的原理

太極拳推手講究沾連黏隨，根據彈性體的虎克定律來描述太極推手中的沾連黏隨是很恰當的，即外力增加，受力彈性體的應力和應變都相應按比例增加，外力減小它也減小。正因如此，只要一旦與外力接觸，即身體受到外力後，由於它要按虎克定律來應付外力，所以，就能始終黏住外力，也緩也進，始終不丟不頂，不棄不離，因此，彈性體能夠緩化外力，不受外力所制。

六、反作用力的原理

根據牛頓第三定律：「每一個作用力總有一個與之大小相等、方向相反的作用力。或者說兩個物體的相互作用力總是大小相等、方向相反的。」在太極推手中，出手時總是以用力少為上，不肯立即用大力去推擊對方，也絕對不用硬推硬進的手法。其目的是為了不引起太大的反作用力作用於自身。這是因為根據牛頓第三運動定律，在推擊對方時，對方也會有一個力量相等、方向相反的力作用於我。因此，為了避免推擊對方時有可能造成的自己的損失，用力以少為好。

例如，我用右手向左打對方左肩外側，引出對方的左肩的反作用力，我迅速用左手推其右肩外側，可把對方向左推出。再如，我用兩手後捋對方左臂，使對方產生反作用力，我迅速向前送勁，可把對方向後推出。這類技法在推手中運

用是很廣的。

七、動量定理的原理

根據動量定理 $F\Delta T = M\Delta V$，可以看出要將一個人從靜止狀態推出或擊倒，可以有不同的方法，可以用較大的力作用較短的時間，即將對方猛力擊倒；也可以用較小的力作用較長的時間，將對方緩緩地推出。前者是「冷彈勁」，後者是「長勁」。在太極推手中主張以較小的力作用較長的時間，一出手就是要有意識地黏住對方身上不間斷地加力，以延長力的作用時間，從而增大動量 $M\Delta V$。由於對方質量 M 是不變的，所以，增大動量 $M\Delta V$，就意味著增大了對方的速度 ΔV，即迫使對方身體移動或被推倒，從而達到以小力勝大力的目的。

第二節　太極推手的內勁

太極推手十分講究內勁。所謂內勁，是相對外勁而言的，外勁往往指的是一種明勁或僵硬勁；而內勁指的是一種暗勁，一種靈活多變的整體柔勁或說成一種寓於八方的圓勁。內勁俱有以弱勝強、以小力勝大力的顯著特徵。內勁何以能小力勝大力？這要從如何充分發揮自己力量效率上求得答案。提高內勁效率可從兩個方面著手，一是減少力在自身體內的無用消耗；二是最大限度地提高打擊力作用到對方身上的效果，兩者相輔相成。張三豐在《太極拳論》中說：

「一舉動周身俱要輕靈」；《行功心解》中云：「發勁須沉著鬆靜。」這裡的「輕靈」和「鬆靜」都是講減少力在體內消耗。王宗岳在《太極拳論》中講的「四兩撥千斤」是講內勁發揮作用的效果。

內勁包括力的發生、傳遞和作用三個過程，即在體內發生力，由身體運動，作用在對方身上表現出力的作用效果。其勁路可分解為：力源、力的傳遞、著力點。

太極推手內勁的力源於足，張三豐《太極拳論》有「其根在腳，發於腿，主宰於腰，形於手指」。李亦畬《五字訣》有：「勁起於腳跟，主於腰間，形於手指，發於脊背。」《陳氏太極拳匯宗》用武要言中講：「力從足上起。」這都說明太極內勁起於足。力發於足是從人體下肢肌腱產生的力，說的是蹬地產生的反作用力，這個力由腿而腰而脊而臂順暢地傳導，形於手指，作用於對方。

太極內勁（即生物力）是由足到手作用於對方的，要經過一個力的傳遞系統，生物力的傳遞不像機械，力作用於一端，另一端必然產生大小相等方向相同的力，人體則不然，足蹬地產生的反作用力由身體所構成的肌腱、骨骼、關節等生物力的傳遞系統，力可能會被傳遞系統（即身體）所消耗。這是因為生物力的傳遞不是靠剛體而是肌腱的伸縮和關節的轉動。

怎樣才能使生物力暢通無阻地由力的傳遞系統（即身體）呢？歷代太極推手名家在推手的實踐中總結出了一套提高生物力（即太極內勁）傳遞效率的方法。太極內勁順暢傳遞而使力不在身體（即傳遞系統）中受阻或減少在傳遞過程中的消耗的關鍵在於身體放鬆。只有全身關節鬆開、肌肉放

鬆，才能使內勁（即生物力）的傳遞效率最高。

這點《十三勢行功心解》中已有說明：「發勁須沉著鬆靜。」陳炎林在《太極拳刀劍杆散手合編》中也有講到：「發勁時須求周身一致，且出於不知不覺，發者本身自覺愈無勁，而受者愈覺沉重。反之，本身自覺出勁甚猛，但被擊者並未受得如其理想中之重量。此中原由，實因發者自覺有勁，其勁並未全部透出；其自覺無勁者，彼勁已全部透出矣。故發勁如放箭，曲中求直，當完全吐出，毋稍停於手臂中，蓋發多不暢者，每有三停。以上肢言，一停於肩穴，二停於拐肘，三停於掌根；以下肢言，一停於髖，二停於膝，三停於踵；以中部言，一停於胸，二停於腹，三停於丹田。」

由此可見，發力必須放鬆，這樣才能使力順暢地發出，而使力不至於在體內消耗或在體內傳遞過程中受阻，放鬆發勁才能效率高。

發勁效率不高者，多因力耗於發力系統（即人體）了。要想發揮力的傳遞系統效率，首先就是要放鬆，要求全身各關節及全身肌肉都要鬆開，鬆開除提高生物力傳遞系統效率外，還能增強所產生的生物力（即太極內勁）。

這是因為產生生物力的大小決定於肌腱鬆弛與收縮之差的大小，放鬆使這個差增大，產生的生物力因之而增大，拳譜中的「蓄勁如開弓」是肌腱的最大限度的收縮，「發勁似放箭」是肌肉最大限度的放鬆。顯然，這二者之差愈大，產生的生物力就愈大。太極五行樁，姿勢設計要求兩臂彎曲，腰部彎曲，兩腿彎曲，形成五弓，其目的就在於蓄勁；發勁時要求挺膝、展腰、伸臂，周身放鬆，目的在於盡量提高生

物力傳遞系統的效率，使渾厚的生物力（即太極內勁）暢通無阻地充分發放出來。

掌握發勁原理、方法、技巧後，若再掌握發勁時機和著力點，打在人體上即可收到發人如彈丸，或出現順勢一抖，讓人騰空飛起的效果。當然要打出這種效果，必須對抗雙方的功夫要有一定的差別，一方的功力水準明顯超出另一方；還必須發的得機得勢，發勁的時機、力度、著力點要配合得好。這就要求要有個實踐經驗豐富的名師進行言傳身教，即要有高水準的師傅，要有良好的身體素質、紮實的功夫和豐富的實戰經驗才行。

第三節 太極推手四大技法

太極推手古代稱為「搨手」「打手」「揉手」等，是中國武術中一種綜合性的實戰技擊方法。是太極運動的對練和對抗形式，有很高的鍛鍊價值。它蘊藏著民族的文化內涵及古老的東方哲理，是以上肢軀幹為進攻部位，運用掤、捋、擠、按等技法以達到借力發勁，使對方身體失去平衡的一項傳統性、健身性的體育運動。它的主要內容有單推手、雙推手、定步推手、活步推手、大捋推手、散推手和現代競技推手等，在技法上有四大要素。

一、聽勁技術

「聽」勁是用皮膚觸覺感知對方勁路變化的方法，是太

極推手以柔克剛和「四兩撥千斤」的關鍵，是一種對付對手攻擊的對策反應，是感覺和反應的結合。

聽勁的實質是對對方攻擊的判斷，對方欲發勁將我擊出，我要防守反擊，必須對其攻擊部位作出準確的判斷，判斷他使用的是什麼著法，發勁的方向和大小，發力時間，我身上的著力點和他後續的勁路，對此要形成一種反射或叫反應。

「聽」勁的技巧是隨法。隨法是在身體放鬆的條件下跟隨對方的勁路一起運動。隨的功夫要做到速度上不快不慢、力量上不增不減，與對方緊緊合拍。

二、引勁技術

引勁是引誘對方出力，使其深入的方法。

引勁的技巧主要是沾黏兩種勁法：

1.沾：

沾是拔高的意思，意即將對方勁路引長。在動作方法上，只要順著對方來勁的走向略微加快一點兒速度，使對方在不知不覺中也加快了進攻的速度，想要追趕你而被你調動，其狀態猶如磁石吸鐵一樣。

2.黏：

如膠似漆的意思，意即對方後退時，我的手臂就像膠漆一樣地黏住對方，使其擺脫不得，在不知不覺中陷入困境。在動作方法上，只要順著對方退勁的走向略微加快一點兒速度，同時使自己的勁力直指對方的中心，使其在不知不覺中加快了後退的速度，想要擺脫卻又擺脫不得。

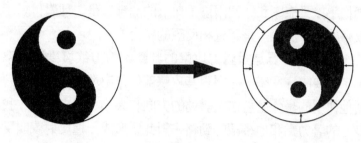

圖2-1

三、化勁技術

化勁，即化解對方的勁力。在推手時，當對方的手接觸我身發勁的一剎那，依靠我自身的極小活動把攻來的勁消耗掉，其原理是使對方發出之力作用在一個圓活鬆柔的物體上而耗失掉。

化勁的技巧是走法，意即使對方的勁力從自己身邊走開。在動作方法上，透過全身的內收旋轉，使對方的來力突然撲空，並從身邊滑落，其狀態猶如縮小並旋轉的氣球（圖2-1）。

化勁的關鍵在於腰，腰為主宰，一切動作靠腰啟承轉合、變換。動作的轉換須有掤勁作基礎，用掤勁以阻對方發來的勁、勢，不掤則無轉換之機。化勁不可化盡，化的目的是我從不順遂變為得機得勢，而使對方之得機得勢變為不順遂。

四、發勁技術

發勁是勁力的釋放方法。將由練習而具備的勁力積蓄、傳遞條件綜合起來，實現對外界的作用。發勁是太極推手的制勝之本，太極推手攻擊效果都基於發勁。發勁質量是衡量太極推手水準高低的一個重要標誌。

從現代科學原理來看，要想使人體發出的力量大，第一必須使肌肉纖維伸縮時間儘可能的短；第二要使肌纖維的伸縮之差最大；第三要調動更多的肌纖維參與工作。這就要求發勁要發整體內勁，其發整體內勁的具體方法是：「根在於腳，發於腿，主宰於腰，形於手指。由腳而腿而腰，總須完整一氣。」（見《太極拳論》）

其發勁過程是：體內之力的匯集和傳遞，它是肌纖維由收縮變為伸張，由緊到鬆的過程，這還不完全，還有力的「傳遞」，那就是「由腳而腿而腰」和「形於手指」。完整一氣概括了體內的匯聚和傳遞的全過程。

做法是腳蹬地、伸腿、長腰、豎脊、懸頸、消肩、展臂、直腕、彈指，全身完整一氣，把勁發出體外。這個勁極沉重、極剛強、極迅猛、極乾脆、無堅不摧。

太極推手發勁的練習，必須在去僵求柔、周身放鬆的情況下，按照「勁起於腳行於腿、主宰於腰發於梢」這個太極推手發勁的基本規則，循序漸進，用心揣摩。只要能真正掌握了這個規律，透過久而久之的訓練，就能達到無論從任何角度和部位發力，都做到得心應手、隨心所欲的將力發出體外。

放鬆是發勁的前提，極柔軟方能夠極堅剛，只有做到充分的放鬆，去掉全身之僵勁，才能發出完整一氣的太極整體內勁。全身骨節鬆開，肌肉鬆弛，最大限度地減少對抗肌的用力，使力不至於在中途由於對抗的緊張用力而消耗減弱，使周身之力能在一瞬間達到著力點，也就是集全身之力發出於一個力點上。

另外，肌肉緊張用力的時間要短，要在發力到落點的一瞬間高度緊張，而後再迅速放鬆，也就是說，發勁時肌肉緊張的時間越短，力到落點的速度就越快，威力也就越大。

意氣是太極推手運動的靈魂，發勁要想達到一定的水準，就必須結合意念和內氣。以意領氣，以氣運身，氣到則勁到。意念一動，則全身皆動，在腰的帶動下，按照發勁規律，節節貫穿地使勁迅速達到著力點，勁到落點的同時肌肉高度緊張，腹部抖彈堅實，氣沉丹田即會產生太極整體內勁。此勁極富彈性，有力而不僵硬，如金獅抖毛，乾淨俐落。要想練好太極整體內勁，關鍵是發前形成「五弓」。發勁時兩腳蹬地，腳下緊，全身放鬆，節節貫穿，使力由腳順達於兩手或其他部位，而發於體外。

衡量一個拳手發勁的質量，要從下面三個方面來分析。第一要看他發勁前身體是否形成「五弓」，身體緊收，將勁蓄足；發勁時是否在放鬆的基礎上，快速展體，節節貫穿。第二看他的勁是否從足下發出。勁不生於根就好像是無源之水，沒有腳的蹬地反彈，就不會有節節貫穿的推動力，也不會發出威力強大的整體內勁。第三看他是否有落點勁，落點勁就是將全身之力集中發於一個著力點，如只是周身僵硬有力，而勁無落點，沒有穿透力，就等於華而不實；看似很屬

害卻沒有殺傷力，無濟實用。

正如拳論所云：「不本諸身，則虛而不實，不行於梢，實則而仍虛。」由上面三點的分析，我們可以得出這樣一個結論，這就是發勁要想發好，必須做到將身體收縮形成「五弓」，然後兩腳蹬地撐挺、放鬆，使勁要從兩足下發出，順暢地傳遞於兩手或發力部位，落點要準，使勁力整體如一，爆發於體外，發力要透，並且能夠定位。這幾點缺一不可。

拳譜曰：「身似弓弦手如箭，蓄勁如開弓，發勁如放箭。」所以，在蓄勢時要求做到一身備「五弓」，周身上下全部合住勁，將身體收緊，使勁蓄足。然後周身放鬆可以加快發勁的速度，減少勁在傳遞過程的阻力，減少力在傳遞過程中的消耗。發勁到落點的一瞬間肌肉高度緊張，才可以將力發透，並且有助於定位，從而產生剎車力（制動力），而後再迅速放鬆。

在太極推手應用時，發勁之前常上掤或下按或左旋、右旋，破壞了對方的平衡之後再發勁。具體方法是：首先要聽勁明力，就是要全身放鬆跟隨對方運動以探明對方勁路。其次要引探虛實，就是用沾、黏法引長對方勁路，以引出對方的整勁。再次就是落空待發，用掤勁或全身內收旋轉的方法，將對方的勁引向身外，使其落空，身體失去平衡，同時蓄勢等待發放時機，然後順勢發放，待對方落空後，重心浮起時，順著對方的勁路方向，發勁將其發出而取得勝利。

太極推手的發勁是將練習積蓄的勁力，由傳遞條件釋放出來，以實現作用於對方身體的一種方法。

其發勁的技巧是：「根在於腳，發於腿，主宰於腰，形於手指。由腳而腿而腰，總須完整一氣。」（見《太極拳

論》）它是肌纖維由收縮變為伸張，由緊到鬆，使力由腳「傳遞」到手的過程，那就是「由腳而腿而腰」和「形於手指」。完整一氣概括了體內的匯聚和傳遞的全過程。做法是腳蹬地、伸腿、長腰、豎脊、懸頸、消肩、展臂、直腕、彈指，全身完整一氣，把勁發出體外。

一個完整的發勁過程必經過四個相對獨立又密切聯繫的階段。

（一）「聽」勁明力階段

全身放鬆跟隨對方運動以探對方勁路。

（二）引探虛實階段

用沾、黏法引長對方勁路，以引出對方的整勁。

（三）落空待發階段

用周身內收旋轉的方法將對方的勁力引向身外使其落空，同時蓄勢等待發放時機。

（四）順勢發放階段

待對方落空後重心浮起時，順著對方的勁路方向將其發放出去。

發勁時要先將身體收縮形成「五弓」，以進行蓄勁，然後兩腳蹬地撐挺、放鬆，使勁由兩腳傳遞於兩手。使勁力整體如一，爆發於體外。

「蓄勢」時，要求身備「五弓」，蓄勁飽滿、圓活、渾圓整體，蘊含彈性。

圖 2-2

「發放」時，自然撐挺，舒展放鬆，整體如一，全身上下渾然一體，極富有彈性，勁力吐盡，意遠鬆沉。

拳譜曰：「身似弓弦手如箭，蓄勁如開弓，發勁如放箭。」所以，在蓄勢時要求做到一身備「五弓」，周身上下全部合住勁，將身體收緊，使勁蓄足。然後周身放鬆可以加快發勁的速度，減少勁在傳遞過程的阻力，減少力在傳遞過程中的消耗；發勁到落點的一瞬間肌肉高度緊張，才可以將力發透，並且有助於定位，從而產生剎車力（制動力），而後再迅速放鬆（圖 2-2）。

第四節　揉化功夫的三要素

揉化功夫是不用力階段，主要表現於大鬆大柔。要做到大鬆大柔應具備三個條件，即：鬆柔、力傾和步靈。

一、鬆　柔

鬆柔是太極推手一切技術行為的出發點。其含義有以下幾個方面：一是精神狀態的放鬆，心靜如水，平和自然，無雜念紛擾；二是呼吸輕鬆流暢，如風擺柳，柔和順隨；三是形體的舒展放鬆柔和，肌肉、關節表裡處處鬆開，不使有緊張累積；四是內臟放鬆，各得其位，各施其職，水火相濟；五是動作放鬆，沉穩柔和協調。以上幾個方面相輔相成，互為因果，做到鬆柔必須達到以下幾個指標：

（一）肌肉不可有僵硬處；

（二）內臟不能有壓迫感；

（三）思想上不能有滯著點；

（四）動作上不能有澀硬感。

做到鬆柔有利於自身的變化和順暢地發勁。

二、力　傾

在推手中做到鬆柔而又不被對方來勁所控制或沖垮，就必須與傾斜力相配合。如果不與傾斜力相配合，單純的鬆柔與人對抗是站不住腳的。

傾斜力是在推手中自己的身體有意地向前傾斜，兩手搭按在對方身上，使自身的部分體重落在對方身上的一種力。這種保持失衡狀態沾附於對方身上，並給對方很大壓力，能使對方變化不靈，能夠使對方的力未出體，我則已經聽知，進而能有效地控制對方的勁路，使對方處於被動狀態。由此

可見做到力傾有利於控制對方。

三、步　靈

　　傾斜力的運用，不能離開步法的調整。如果沒有步法的配合，身體一旦傾斜就會失重跌倒，要有很好的步法修練基礎才能做到傾斜力中的鬆柔。步靈是指進退自如，上下相隨，變化靈活穩定。步法靈活可調整自身平衡，使自身在任何情況下不至於失去身體重心，並能運載身體，變動身位，使自己處於有利防守和有利攻擊對方的位置。

　　由以上分析可以看出，步法的調整，可使自身不失重心，有很好的步法修練做基礎才可運用傾斜力；傾斜力在於有效地控制對手，有了傾斜力的配合才能做到大鬆大柔有所保證；做到大鬆大柔才能變化多端，我獨知人，人不知我，發勁順暢，化發自如。

　　揉化功夫是大鬆大柔功夫階段，也是不用力階段。不用力並不是沒有力，而是有力不用力。當對方雙手搭在我身上向前擠勁時，由於我身體在傾斜中又處於放鬆狀態，結合步法的調整，向左或向右，向上或向下微微一轉，即化掉了對方的來力，對方的破綻也隨之露出，此時要發要打，任我意願。大有我不想打而讓我打的感覺。

　　這種傾斜中的大鬆大柔，自身好像一個大轉軸，對方一來力則轉，來力快則快轉，來力慢則慢轉。後發制人，打對方的末勁，也就是勁後勁，是在對方失重時，加大對方的失重，故而打倒對方非常容易。並不用多大的力量。所以說，是不用力階段。

這種功夫運用得當了──也就是說大鬆大柔結合傾斜力，再配合靈活的步法調整，三者融合為一體時，會使對方感到我身又鬆又沉，又有變化，勁又大。而自身卻並沒用多大的力，即給對方很大的威脅。自身的鬆柔，使對方的來力好像推一個巨大的面團，所推之處往裡凹進，而其他部位則向裡包合，彷彿將對方的來力吞進去，再吐出來。所以，說它又是吞吐功夫的集中體現。一吞一吐，猶如長江之水，表面上看去很平靜，而內裡則流動很快，充滿旋渦，一旦進去則遭滅頂之災，這就是揉化功夫的具體表現。

第五節　太極推手要領

一、守中攻中　間架不散

「守中攻中」是太極推手的一條重要的原則。所謂「守中」就是護住自己身體的中線，使之不被對方所得手，中線就是人體前面正中之部位。在太極推手中最常用的「守中」方法有左右旋轉化勁法和左右雲手撥按消解法等。

「攻中」就是控制住對方中線部位，推其中線部位。在太極推手中「攻中」的方法很多，最常用的有掤擠法、固按法、擠托法等等。

總之，要做到「守中攻中」必須間架不散，即在推手過程中始終保持「太極五行樁步」。

二、神在手前　精神威懾

在推手過程中要做到：「神在手前，意適敵背，如網天羅，無物能逃。」平時單獨練習時，如著眼站椿、操手，要做到「無人若有人」的方法訓練。實作時要做到「有人若無人」，即所謂：「打人如走路，看人如蒿草。」

三、點緊體鬆　我獨知人

所謂「點」就是在推手時，自身與對方接觸之部位。推手時只有點緊，才能控制對方，使對方難以逃脫，同時能體會對方之力量大小及方向等變化。體鬆就是指身體放鬆。只有體鬆，力量才能含蓄，順暢地吐出；才能更好地聽勁，才能變化靈活，使力量有變化，步法易於調整。使對方難以測知我力之大小和方向變化，陷於被動。形成「人不知我，我獨知人」的有利局面。

四、不丟不頂　沾連黏隨

所謂「不丟」就是在推手時不要丟開對方不管，自己撤回手臂，而是要在撐住對方手臂的前提下，用自身的柔化之力化解之。「不頂」就是不要頂住對方不讓對方進入，使對方入成僵持狀態，而是要在撐住對方的同時讓對方進入，但又在我的控制之中。只有不丟不頂，才能隨時感知對方力量之大小，方向之變化，並隨時控制敵方，如蛇之纏手，黏連

纏繞。

五、形不破體　力不出尖

所謂形不破體就是要求在任何動作中，都必須做到間架（即五行椿步）得當，不失重心。力不出尖就是要求力量要含蓄，不要做得絕對，就是要混圓力，上下左右前後各個方向，不忘不失，有感皆應。只有形不破體，力才不出尖，自身力量才能混圓含蓄，連綿不斷，才可不丟不頂，沾連黏隨。要想做到形不破體，力不出尖，其重要的方法就是站椿、行步、疾步（即靜力椿和活步椿練習）。

六、奪位放人　力發於腿

太極推手多在奪位的基礎上施行，也就是說發人、放人時必須搶占有利位置，或步踏中門，或「偏步」繞於敵側，使對方被動，然後兩腳蹬地，發力於兩腿，主宰於腰，傳於兩臂，形於手指，如弓射丸，一觸即發。

第六節　太極推手精要直指

太極推手是雙方遵照一定的規則，程式化或非程式化地運用太極拳技法，按照規定的場地、時間、條件進行徒手競技練習或競賽，是雙方智力、體力、技術、技巧和心理素質的綜合較量，能夠鍛鍊人的感覺、反應能力，提高身體靈

敏、速度、力量、柔韌等素質，對比出雙方的綜合水準。

太極推手是運用持續力的用勁方式為特徵，以柔克剛而見長的徒手對抗競技項目，有把握做到對抗而無傷害，能體現安全第一的原則，高雅而文明。

太極推手須以站樁為根基，站樁姿勢似如拉纖狀，前後腳分開，兩腳前掌蹬地，身體稍向前傾，兩臂屈於胸前，形成五弓之勢，名曰「五行樁」也。肢體彎曲，兩腳跟抬起，收腹斂臀，含胸拔背，沉肩墜肘，全身放鬆。初始站樁時盡力堅持，達到全身出現疼痛，直至全身無力，衣扣難解，鞋帶難繫時，仍需堅持久站，全身疼痛就會消失，逐感全身輕鬆、靈活，勁生。此乃「換勁」過程。

再繼續堅持，周身透空，兩手用意按之，卻感四面八方乃有阻力，阻礙手的按動，此謂「混圓勁」生出也。然後越練越精，手感空氣阻力則越大，則功力也隨之越強也。當練之一力大於各方之挣力（阻力）時，此乃功成，整個修練過程為扎根階段。

樁功成後，在樁勢不變的情況下，做 90°、270°、360° 旋轉練習，此乃「鳳凰旋窩」也。開始稍慢，越練旋轉越快。而後，樁勢仍不變，練習前腳上步，後腳跟進的前行動作，此乃名曰：「行步樁」又稱「行步」。當步子走的輕靈、穩健時，再做極快的步子前行，此謂「疾步樁」也稱「疾步」。練至腳下及靈、及穩、及活時，則大功告成。整個階段稱之為去根階段。

推手時，化須掤勁，掤住其力，順其來勁方向，旋卸之外引，使其來力偏向自己中線也，此乃稱之為「化勁」。

發勁前身體四肢及軀幹，盡量曲屈裡收，形成「五弓」

以蓄足勁力；發勁時兩腳前掌蹬地，使身體由曲屈到伸展，全身放鬆，兩腳蹬地、伸腿、長腰、豎脊、懸頸、消肩、展臂、直腕、彈指，全身完整一氣，把勁從指端發出。發勁過程是由收縮到舒展，由緊到鬆的過程。

運用時，化須微轉，發宜勁整。借力打力，以四兩牽動千斤。發放、旋打須貼近對方身體，正如拳論所說：「打人如親嘴」，這樣才能有利於發勁。發人用力角度應與水平線成 30～45°的角度。如若水平發人，只能將對方平移，而不能將其拋起，且較費力；若向上發人，只是將對方向上掀起，而不能將對方移位或發遠，且更為費力；若將對方向上提起，須近對方之身軀，兩腳蹬地，兩腿向上撐起，利用立木頂千斤之原理，用全身之力可將對方提起，切忌只用兩臂上提對方，這樣是難以提動的。

發勁時機應在對方之勁欲發而沒發之前或當對方舊力已過新力未生之際，或當對方前推未至或推過回抽之時，我或後捋或前按發之，這就是典型的借力打力、乘勢打人的有效方法，若運用得當可收到好的技擊效果。

當對方向右（左）發力左（右）旋打我時，我且隨對方之力向我右（左）方旋打，加大對方向左（右）的力量，將對方打倒；當對方推我時，我順其力向後引帶對方，使對方栽倒於地；當對方後拉我時，我順其力向前加力，使對方後仰倒地，這都是「順打」的運用，順打也稱為「隨打」，此謂「合力」之原理，也稱為「疊加力」也。

誘打時，往往採用欲前先後，欲後先前，欲左先右，欲右先左的方法。如欲前發對方，先向後或下按捋對方，使對方產生後掙的抗勁，我借其抗勁向前推按或擠靠對方，將其

發出；再如我欲向左旋打對方，我則先向右橫按，使對方產生一定的抗勁，我突然改向左橫勁，將對方旋打倒地，這也是借力打力的範疇。

化打（發）對方，首先要有掤勁做基礎，只有掤住對方的來勁，才有化的餘地，才能引開對方遠離我之中線；其次是要聽準對方來勁的大小、方向，才能運用適宜的勁力向合適的方向，引化開對方的攻擊勁力；再次是不可過於用力（能掤住來勁即可），周身關節要靈活，順其勁力方向而偏引之，使對方失去攻擊目標，沒有著力點，而失重心和控制；然後，我借對方失控之機發打之，而無不奏效。

在以上推手過程中，要產生理想的發打效果，斷掉對方根基的技術也是非常重要的，常用的斷根方法有以下幾種：一是晃動法；二是拍按法；三是挑腋法；四是引化法；五是偏轉閃讓躲避法等。一般是斷其根後再發打對方，這樣就可收到好的發打效果。

太極推手制勝的法寶，就是要有能力控制住對方。所謂控制，就是對方的一切變化都在我的掌握之中，使其不能掙脫我對對方的限制，「引、化、發、打」任我所為，「控制」是「引、化、發、打」的前提，是「引、化、發、打」的基礎，「控制」就是使對方失去自治及變化能力或稱為「僵死」在那裡，常用的有掤控法、按控法、鎖控法、固身法等。

總之，這一切的實施只靠「心知」是不行的。「心知」是懂得原理，說明有一定的理論基礎。若只有理論，沒有實踐，便顯得眼高手低，往往是心有餘而力不足。必須做到「身知」才行，「身知」就是所謂的「懂勁」。要達到「身

知」必須多加推手實踐，常用的方法：

一是「揉手」，即一方雙手搭在另一方身上進行推按，另一方做各種揉化動作，分為腹部揉、胸部揉、肩部揉、肘部揉、腕部揉等；

二是傳統的「打輪推手」，即平圓單推手、立圓單推手、折疊單推手、平圓雙推手、立圓雙推手、折疊雙推手、合步四正推手、順步四正推手、進三退二四正推手、進三退三四正推手、大捋推手等，練得多了對方所發的勁力的大小和方向身體就可體察出、感覺到，越練越明，辨勁越清晰。

只有「身知」，才能更好地昇華到「心知」即所謂「神明」，此時的「心知」和從別人的說教中或從書籍文字中及其他載體上所學到的「心知」有根本性的區別，實踐之達到的「心知」謂之實踐經驗，更能直接於應用，更符合自己的特點。因此，太極推手要求多練、多實踐。只有花費一定的時間和汗水，才能具有功夫，才能進入太極推手高深功夫境界。

以上均為太極推手真傳秘訣，必須認真研讀，加以反覆實踐。透過驗證，把秘訣真正變為自己的東西，才能運用得心應手，有所成就。

第三章 功 法

第一節 放 鬆 法

放鬆法是運用開步自然站立，透過靜站、折疊、顫抖等形式達到周身關節、肌肉放鬆，思想放鬆目的的方法，收到通經活血、調節人體的陰陽平衡，增強代謝功能，促進血液循環，改善神經系統，提高呼吸機能，靈活關節，祛除疲勞，提高免疫能力，健身強身，祛病延年，增強體質，增長功力的鍛鍊效果。

太極推手常用自然式、折疊式、顫抖式進行放鬆。其具體練習方法如下：

一、自然式放鬆法

（一）練法

兩腳左右分開與肩同寬，兩腳平衡腳前掌著地，腳跟微

抬，身體有前傾之意。兩膝微屈，臀略向下坐。雙手下垂，兩肘自然離開兩肋。腋下虛含，頭正項直，如有懸絲繫髮，下頜微收，不低頭彎腰，不凸腹凹胸，脊柱自然緊直，肩平臀正，寬胸鬆腹，面部表情鬆弛，嘴唇微合，牙齒輕扣，舌抵上顎，體弱者目視前方，體強者雙目微閉。前方景物如有雲霧幔，隱約可見（圖3-1）。

圖 3-1

（二）要 求

凝神靜氣，思想放鬆，排除雜念。然後調整呼吸，呼吸均勻，自然順遂，採用吸氣時深長，小腹微鼓，呼氣時慢勻，和緩呼出的方法，不可急呼急吸，易心緒煩亂。周身每一處關節肌肉盡皆放鬆。

（三）效 應

一般地健康者站完10分鐘後即有氣體欲從肛門排出。此屬正常現象，是因為腹內的胃氣臟氣等濁氣排放越多效果越佳。如果沒有氣體排放要檢查一下站姿對否，調整好姿勢和呼吸繼續站立。

放鬆式站立20分鐘後兩腿的肌肉會酸麻脹痛，兩臂也有些酸麻脹痛感，也是正常現象。隨著練功日久此種感覺會漸漸消失。屆時應稍延長和減輕，就是功力見長的表現。上式結束可轉換為折疊式調整身體。

二、折疊式放鬆法

（一）方法

　　兩腳仍然站在先前的位置，腳跟落地，上身由肩帶動，做前俯後仰擺動。身體向前時腳跟抬起，身體向後時腳尖抬起。如此全身做往復折疊運動。好像站在海水中，被海浪沖來沖去立身不穩，而腳下竭力不動，與地抓牢。肩膀的擺動幅度先有 10～20 公分

圖 3-2

即可。待鍛鍊一段時間後，根據功力的大小，體能的弱強，可以增大幅度。身體前後折疊時，雙手無規則地擺動，初練時或許注重身體的折疊而忘記兩手的擺動，此因整體協調能力不夠，練習日久可逐步協調起來（圖 3-2）。

（二）要求

　　在身體擺動時，注意調整呼吸，原則上多呼少吸，吸氣時均勻厚實，呼氣時長而緩，徐徐吐出。呼吸不可急促，急促了便會有喘不上來氣的感覺，此時可放小擺動幅度，使呼吸正常。練功是持之以恆的活動，呼吸的把握也不必急躁，尤以舒暢自然為準繩。只要循序漸進，堅持鍛鍊，日久功夫自成。

　　身體折疊擺動中除了注意調整呼吸外，意念中須體會身體各部的感覺。從頭、頸、肩、背、肘、腰、胯、腿、足等部位依次而下，觀察各關節活絡鬆動與否，然後再次體會上

述的感覺。

（三）效應

如上折疊擺動一段時間後，還可以改為：腳尖蹬地，臀往後依，肩向前撲，兩臂隨折疊晃動自然搖擺。直至體會到舒服鬆柔，不要意識支配依然會如此折疊搖擺，大約持續20分鐘時間為好，身體如能支持，還可延長此時間。

此式鍛鍊兩個月後，用雙手拇指按住脊骨尾骨部向裡一按，可聽到「啪」的一聲，即脊骨的最後一節也鬆了下來，這時會感覺非常舒服。折疊式練習20分鐘後，即可轉換成顫抖式繼續調整肌體。

三、顫抖式放鬆法

（一）方法

顫抖式比較容易做，具體方法是全身無規則顫抖。兩眼微閉，思想放鬆，排除雜念，腳前掌著地，隨著身體的抖動，腳後跟不斷地點地，兩腿膝關節反覆屈伸抬抖，身體各關節不斷地一拔一鬆，雙手不住地無規則地搖晃，由慢到快，逐步加快顫抖頻率，能快則盡量地快，初練時可以慢些，待日久天長漸漸地提高（圖3-3）。

圖3-3

太極推手秘傳

（二）要求

對顫抖的節奏，初練者和體弱者不必強求達到多劇烈，顫抖的幅度與頻率是成正比例的，可以由大到小控制幅度加快頻率。練習時上下一齊抖動，兩手也隨之一齊高速抖晃，意念中想著要把每一處關節都放開鬆動。

（三）效應

上下抖動一定時候，會出現兩腿膝關節左右擺動的情況，這是正常現象。此時上身可以抖動小些，兩腿抖動幅度大些，而後使上身抖動快些，腿部也隨時顫動。如此上下交替進行，以延長練功時間。如此高速顫抖，可以徹底排除體內的廢氣（屁）、廢水（尿）、廢物（屎）。幾乎所有的人在初級階段都會有排尿排屎現象，此也屬於正常。

排量雖不多，但在體內留不住，必欲排之而後快。這是因為由練功，將人體內原來積存的廢物排泄出來，人體內部得到淨化，為身體的強健創造條件。此為初練時的現象，如此持續練功，體內的濁物排除了，一切會慢慢恢復正常。練功時千萬不要因出虛恭而羞怯去放棄終止，這只是練功時的現象，平時也會正常。

第二節 鬆緊法

這裡所說的鬆與緊是指身體的陰陽變化。所謂的鬆是指身體和思想的放鬆；所謂的緊是指身體的僵硬和思想的緊

張。鬆與緊是相對而言的，沒有鬆就體現不出緊，沒有緊也就沒有鬆，它們是相互矛盾又相互統一的兩個方面。鬆與緊這一對，雙方既相互制約又相互轉化。鬆者是實之變，實者是鬆之變，鬆一變必實，實一變必鬆，這是自然之理。

從身體方面講，鬆緊之法變化不一，有先鬆後緊者，有先緊後鬆者，有局部緊到整體鬆，有整體緊到局部鬆；有局部鬆到整體緊，有整體鬆到局部緊；有小鬆，必有小緊；有大鬆，必有大緊；有小緊必有小鬆，有大緊必有大鬆。一般地有多大程度的鬆就有多大程度的緊。

在太極推手功夫練習中鬆與緊相比，鬆是第一位的，是占主導地位的，初級階段的鬆，鬆去人體後天形成的拙力，換成先天的元勁。

「元勁」與「力」有本質的不同。「力」的運動形態多是直線型單一方向的，表現為僵直氣滯的特徵。而「元勁」是柔韌綿長富有彈性的，用於推手技擊中靈巧圓活變化快捷。去掉拙力提煉元勁惟一的途徑就是鬆。先求鬆，而後才能求緊，鬆中求緊，緊中求鬆，鬆緊轉換由慢到快，由不能支配到隨意支配，這樣才能符合技擊的需要。

修練者應從鬆練起：第一步先練意鬆體鬆，全身放鬆；第二步再練意緊體鬆；第三步再練緊中鬆，進而綜合訓練鬆緊轉換調節。做到局部鬆轉換為整體鬆；局部緊轉換為整體緊；局部緊轉換為整體鬆；局部鬆轉換為整體緊。全身鬆到全身緊，大鬆大緊，小鬆小緊。始終保持體內力量的均衡勻整。以上述說，絕非繞口令式的故弄玄虛，只因必須如此，在推手技擊中才能當鬆則鬆，當緊則緊，鬆緊轉換調節隨心所欲。下面談談鬆與緊的練法。

一、意鬆體鬆

初練者應從意鬆體鬆，全身鬆開始練起。此時主要透過站樁求放鬆。站好姿勢，清靜守神，呼吸自然，全身上下盡皆放鬆。首先應從思想意念上放鬆，練功時思想上要排除一切雜念。喜怒哀樂憂思煩惱等情緒都要排除。甚至於連我在站樁求功夫這些想法都不要。因為你一這樣想，身上不由自主就會緊張，就會思慮自己的姿勢正確與否，呼吸對不對等。頭腦中所思慮，精神就有了負擔，有了負擔就會阻礙自己放鬆下來。思想放鬆要達到物我兩忘的境界。如此，全身各部位的筋肉關節才能節節放鬆下來。

練功時會有些人一時鬆不下來，不免思慮萬千，雜念叢生，排除不去，心理未免發急，一急又加劇了思想緊張。此時要克服急躁情緒，堅持鍛鍊，過一段時間就會放鬆下來了。透過一段時間的修練，把身上的僵拙之力全部鬆去，鬆得越乾淨越好，直至鬆得手無縛雞之力，彷彿渾身沒有絲毫勁力，連一把爆米花都捧不住。如此才稱初步完成鬆的要求。再下一步可訓練意緊體鬆。

二、意緊體鬆

意緊體鬆是無敵若有敵的訓練方法。在技擊對抗中，敵手當前，意念上未免緊張；意念上一緊張，肢體自然就隨著緊張起來。這樣會消耗體力，不符合技擊的要求。在技擊中意念緊了，肢體卻能放鬆下來，才有利於鬆緊轉換，而這必

須在平時練功中就要加強針對性訓練。練功時，設想敵手就在面前，想要戰勝對方，此時意念雖緊，卻要求肢體能夠放鬆下來，細心體會此刻身體各部位的放鬆情況——從腳、膝、胯、腰、背、肩、頭、臂、肘、腕、掌、指，依次由下而上檢查這些部位是否放鬆了，然後再由上而下依次體察放鬆情況。

如此經過一段時間的訓練，意念在臨敵狀態時，肢體各部位筋肉關節都能放鬆。做到這些，當真正面對敵手時才能控制自己的鬆緊。或者說面對敵手時也能像平時練功那樣，從容不迫，意緊體鬆。

意緊體鬆練成後，再練緊中鬆及其鬆緊轉換。

三、緊中鬆

緊就是用勁，緊中鬆就是用上勁時求放鬆。在對方來力時，我掤住對方的力的時候，能迅速放鬆下來，並改變來力的方向，進行鬆緊轉換，得勢得機後發力擊打對方。緊中鬆的訓練內容比較多，可以先進行單人訓練，再進行雙人訓練。

（一）單人練習

單人練習是自控練習，就是在沒有對手的情況下，自己進行摸勁訓練。摸勁就是假想與對方搭上手用上勁了，體會那時身體各部位的鬆緊情況。此時要求兩肘到手，兩膝到腳是緊的，身體其他各部位要放鬆。手上緊，是要掤住對方的來力；腳下緊，是要紮穩根基不被對方沖垮。

練功時可以站成高樁式的體位，兩手環撐舉於胸前，手心向下，略向前擠動。意念中有向前擠的勁，卻未做出前擠的動態。用心去感覺空氣的阻力，阻力越大，就用多大的勁去迎合。用勁大小，隨著阻力的大小變化增長，阻力感強了，相應的勁就大了。然後再求向後用勁，用勁時手上彷彿有牽掛重物向後捋帶的感覺。向後捋勁並未做出向後捋的動作，只是手上有向後的捋勁，手上用勁，意念中卻要放鬆，身體其他部位

圖 3-4

也要放鬆，這就是用勁中的鬆。不用勁不鬆。無論向哪個方向用勁都要注意到鬆，進而達到意到勁到鬆到。隨時都能鬆到隨時都能緊，如此手肘上做前後、左右、上下用勁緊的時候，身體其他部位都能鬆活自如（圖 3-4）。

　　有了上述的基礎，可以再進行雙人訓練。

（二）雙人練習

　　雙人練習是把單人練習時所體認的緊中鬆用於實際操作，並檢驗以前的練功情況。在兩人搭上手後，手臂上用勁，意念中要鬆靜。除手肘上緊而有勁外，其他部位都要鬆。如果對方推我，用手肘接住對方的擠勁，以身體的鬆活改變對方力的方向。如果此時鬆不下來，就要與對手研究揣摩，反覆練習，直至能夠鬆活自如，慢慢做到無論對方從哪個方向來力，或前擠後捋，上掤下按，左進右攻，都能從容接住來力，緊中放鬆，改變對方的方向。

久練純熟之後，再練鬆緊轉換調節。

鬆與緊是密不可分的矛盾統一體。有多大程度的鬆就有多大程度的緊。緊是用勁，瞬間緊即是發勁的一種形式。練鬆還要練緊，練鬆緊轉換。只練鬆不練緊就不能長勁，緊是增長功力的途徑。有的人認為太極功夫要求大鬆大緊大柔，便從鬆柔中去求功夫；或曰大鬆大柔方能至緊至剛，其實不盡其然。

鬆柔要練，緊也要練。一味的鬆，勢必懈而無力；一味的緊則會僵直脆硬。此二者不可偏執一方。內勁的增長是鬆與緊轉換和調節效率提高的過程，鬆與緊又和發勁緊密聯繫在一起。此時越是鬆，發的功就越大，鬆到什麼程度，就能發多大的勁。發勁，一般認為是鬆緊的結果。其實，緊只是一種發勁的形式。有時緊不是發，而鬆是發。

發勁，既有緊發又有鬆發，或先緊而後鬆發，或者先鬆而後緊發。鬆緊轉換自如，收發自如，方為運勁高手。

總之，當發則發，不當發則不發。當緊則緊，當鬆則鬆；有時局部鬆迅即轉變為整體鬆，局部緊迅即轉換為整體鬆；又可局部緊迅即轉換為整體鬆；局部鬆迅即轉換為整體緊。全身鬆，全身緊，大鬆大緊，小鬆小緊。臻於化境之時，無所謂緊，無所謂鬆。陰轉為陽，陽轉為陰；陰陽互換互生變化不定。無意發之而發之；無意打而打之，一切皆泯而無跡。無意緊而緊之，無意鬆而鬆之，無意為而為之。這才是太極推手功夫要求的鬆與緊。

修練者要一層層、一級級逐步由淺入深、由易到難、堅持不懈地進行修練，方可達到高層功夫的境界。

第三節 呼 吸 法

口鼻呼吸乃生下來人就有之。人們在日常生活中，對於如何呼吸不太注意，而呼吸的功能於武術中卻關係重大，不可不慎重對待深入研究。武術界多年來對呼吸法一直爭論不休。在武術運動中，究竟哪一種呼吸方法最好，各門各派各持己見，各有道理。

其實，呼吸方法不外乎三種：一是胸式呼吸；二是腹式呼吸；三是自然呼吸。西方體育運動一般採用胸式呼吸，中國的外家功夫也是採取胸式呼吸法；內家功夫則採取腹式呼吸法，以氣沉丹田為要旨。

而太極推手功夫則是採用自然呼吸法。這種呼吸法在初步功夫、中層功夫和高層功夫中又因其功力不同而呼吸方法又有所不同。

下面我們就分別談談呼吸方法問題。

一、初步功夫的呼吸

初步功夫時的呼吸一般採用無意識自然呼吸。無意識就是不用意識支配控制，要求做到細、長、輕、勻，放鬆自如。因為初級階段是求鬆換勁的階段。思想放鬆，肢體放鬆，呼吸也隨之放鬆。呼吸不放鬆，或故意去調整呼吸做到氣沉丹田，就會影響思想放鬆，呼吸系統也會呈現緊張狀態，這樣不利於全身心的鬆靜。古人云：「氣不可禦，禦氣

則滯」。由此可見呼吸不宜人為地去支配。或呼吸不著意，不用力，綿綿若存，似有似無，任憑自然，太極推手功夫需要這種本能的自然呼吸。

二、中層功夫的呼吸

中層功夫階段的呼吸是與發勁緊密聯繫的。中層功夫的發勁，是意念調動肌體內的一切功能，完整運轉的一次過程。其中，呼吸功能的配合至關重要。呼吸配合得好與不好，直接影響發勁的優與劣。呼吸配合得當，發勁時無論緊發還是鬆發，都會影響敏捷，變化靈巧。否則，便會發而不透，放而不速，難奏全功。所以，此時的呼吸是意念指揮呼吸調整訓練。以適應對抗實作的發勁需要。

呼吸配合發勁，要做到意到氣到勁到，內外一致，周身一家，這樣發出的勁力才是整勁，其威力之大自不待言。設想發勁時意到勁到而氣未跟上，則氣滯於內，勁力就會減弱許多。古人云：氣滯則力竭。乃是深得呼吸之功能的經驗總結。不論在平時練功中，還是與人交手技擊中，呼吸規律為我所認識的是：發勁時輔之於呼氣則勁大，若配合為吸氣則勁小。呼氣用於發勁，吸氣用於變化。因為力大則變化不靈，力小心明眼亮變化靈巧，如果在搏擊格鬥呼氣時變化動作，則氣足而動作緩慢，易為對手所乘。所以，在變化動作時不可呼氣，只能吸氣。吸氣時肌體相對放鬆，鬆則宜於轉換變化。同時吸氣時的放鬆即吸蓄呼發的道理。

由此可見，一呼一吸乃是一緊一鬆的轉換關鍵。技擊對抗中，鬆緊轉換的快慢關係著勝敗之時機。故不可不慎求於

呼吸之道矣。

三、高層功夫的呼吸

　　高層功夫的呼吸又復歸於自然狀態，上乘化勁功夫，何謂意、何謂勁、何為鬆、何謂緊、何謂氣，統統無形無跡。一切全憑神意運行，無意打之，無意發而發之，此時的意、氣、勁已融於體內，化之為神，渾元均整，成為自然之本能。與人交手，無我無他，來往屈伸無須著意，便無時無刻不可意馭體隨。如同初期的自然呼吸一樣，無意求而得之於自然。正所謂：返璞歸真後，賽似活神仙。

第四節　太極推手功夫修練

　　太極推手功夫是由低、中、高三種姿勢的靜力樁和動力樁及多種輔助功法組合而成。修練時層層漸進，節節升級；運作時神明變化，千姿百態，吞吐開合，剛柔相濟，鬆實變化無窮。而生生不已，攸往無疆，乃容天地之一大太極於人身之一小太極，莫不是由樁功生發衍化而來。

　　古人將太極八卦五行說演於武術，以坎、離、震、兌、乾、坤、艮、巽分別列為掤、捋、擠、按、採、挒、肘、靠八法。入法主要是八種元勁的動作，久練精熟者合八為一乃成為一氣的太極圓勁。圓勁是元勁凝聚而成的，二者具有層次的不同，元勁與人體日常所用的力有質的區別。它們的區別及其八法的動作將在後章講述。

八法的運作離不開樁步的配合，也可以說樁步是八法的基礎。推手功法以金、木、水、火、土為進、退、顧、盼、定五種步法。八法與樁步，合之為十三勢。太極功法也不離此八卦陰陽顛倒循環之理。太極推手功夫是以靜力樁、動力樁修練為基礎，進而求得八法運作精熟，合成十三勢，混元一氣，先天逆運隨機變化的太極大道。

太極推手功夫的核心是靜力樁功，靜力樁的精髓是五行樁，太極推手功夫的基本間架（即五行樁）是依據太極圖中金、木、水、火、土五行相生相剋、相輔相成之理而定的樁式。立樁時，前進、後退、左顧、右盼、中定五個方位的勁都包含在一個式子裡。基於此，演化八法十三式，周而往復、滔滔不絕、意體合一者，方進入太極功夫的無極境界。

對於初練者，應從太極推手功夫的基本功——靜力樁樁功練起，一步一個腳印地、踏踏實實地向上攀登。靜力樁功是修練太極推手功夫的基本功的第一個臺階，修練者務必高度重視，認真修練。下面我們就談談推手功夫的功理、功力與功能及其修練步驟和要求等諸方面的問題。

一、太極推手功夫的功理

如前所述，古人以金、木、水、火、土五行定之為前進、後退、左顧、右盼、中定五法。且將五法視為一身之根基，在對抗技擊中轉變調整、變化萬千，不至窘迫者，莫不是步法的作用。拳諺說：活與不活在於步，靈與不靈在於步，可見步法的重要。靜力樁是依據陰陽五行相生相剋、相輔相成的原理及太極推手特定的姿勢而制定的樁式。由此靜

力椿特定的身姿腳位使前後左右五種勁別聚集於一身，運作時無論從哪個方向施加大力量，都有相應的勁力迎接。修練精熟者，則根基深厚，力撐八面穩如泰山。調整轉移時，縱橫高低，進退反則，皆隨勢隨機中定自如。如此不失平衡，方能隨機應變，制勝於人。

　　一項優秀的對抗性運動都有其相應的基本間架，太極推手功夫也是如此，它所修的基本間架為靜力椿中的五行椿，五行椿分為低、中、高三種椿勢，能夠在推手技擊中實現高、中、低；大、中、小全方位的瞬間定型。太極五行椿功的低、中、高三種功法，形分為三而實側為一種椿勢，練時一分為三，用時則合三為一。由此一生二、二生三、三生萬象，乃是一本散為萬殊，萬殊歸於一本之理。五行椿的基本間架用於技擊對抗，不論身勢高低都可靈活多變，轉換迅速，當高則高，當低則低，高來高迎，低來低就，隨機應變，身無缺陷，圓滿無虧，千變萬化，用之不盡。

二、推手功夫功力的形成

　　太極推手功夫功力的形成是一個由低椿到高椿的修練過程。靜力椿功先由低勢椿練起，再習練中勢椿，然後再練高勢椿。這是因為，低勢椿的身姿較低，腿部壓力較大，對改變各部肌肉、關節的功能有較大的作用，經過一段時間的練習，可很快地增強腿部力量，穩固下盤，為其他階段的練習奠定堅實的基礎。再者，身姿過高，身體重心偏上，腳根飄浮，其功力較弱，經不住大力的衝擊，平時只練高勢椿，對抗中的情形千變萬化，若突然將身姿放低，則腿部力量不

夠，而造成底盤過軟，再者因平時未曾練過低樁的運作，一旦身姿放低，也常會措手不及，造成背勢，易為對方乘虛而進。有了一定的低樁基礎後，再修練中勢樁，這是因中勢樁比低勢樁身姿高了許多，兩腿的負擔減輕了一些，再經過一段時間的練習，能在保持低勢樁穩固的基礎上，可增加前後、左右、上下的靈活性，使功力更進一步增強。

　　有了低、中勢的功力修練之後，再修練高勢樁，隨著身姿的升高，兩腿的負擔隨之減輕，再經一段時間的練習不僅能保持住原低、中勢修練的功力，而且可使身體更加靈活多變，全身功力增長。

　　假若身體姿勢過低，相對運轉變換不靈，少於變化不說，而且始終保持低勢，則體力消耗大、不能持久，對抗時間長了，易被大力所壓垮。所以，在平時修練中，應以低、中、高姿勢，按照三步功夫，一級一級相繼上升級修練。以逐步改變肢體神經、肌肉、關節的機能，使之能承受更大外力的衝擊波。如此循序漸進，逐步練習是較為科學的修練程序，可在較短的時間內進入高級功夫的境界。

　　在修練太極樁功之前，必須先站自然樁，自然樁是放鬆樁，旨在將人體後天形成的拙力全部鬆出，淨化身體。拙力不除，則內勁提煉不出來。靜力樁是提煉內勁的階段。由前一段自然樁的放鬆，彷彿身上軟弱無縛雞之力，才能進行其他五行樁的修練——由無力練到有勁，由小勁練到勁大。

　　此時的「勁」已與之前的「力」有了質的差別，從自然樁到五行樁的修練過程，是完成換勁的過程。這個過程修練得如何，是功力能否增長的關鍵，也是進入高層次功夫的必經之路。

三、太極推手功夫的機體反應

太極推手功夫是循序漸進的修練過程，這個過程伴隨著許多疲累和汗水。它不僅是對肢體的鍛鍊而且也是對人的意志的磨練。修練者不僅要有吃苦耐勞的精神，而且要有堅強的毅力和恆心。譬如，在初練低樁勢時要求上鬆下實、胯以上腹、胸、肩、臂等部位放鬆，而胯以下大腿部、小腿部兩腳掌實，這就會造成兩腿部出現熱、脹、酸、痛等難受的感覺。究其原因是初練時機體的肌肉、關節不適應造成的。經過一段時間的鍛鍊，就會逐步減輕。

低勢樁主要是鍛鍊腿部的功力。這是打基礎的階段，基礎打牢固了方能層層疊築，越蓋越高。因此，練習者應認識到這一點，樹立信心，克服畏難情緒，闖過這一關，等到練中勢樁時，身姿高了，胯以上部位放鬆了，腿部的酸痛感也就會隨之減輕和消失。

到修練高勢樁時，自兩腳以上部位，周身全部放鬆，此時要求身體稍前傾，修練全身的整體功力為主，則會出現鬆靜自然、舒服輕爽，只是腳掌、腳跟有些酸痛的感覺。再經過一段時間的修練，肌肉關節的承受力就會逐漸增強，肌肉由細變粗，由脆變硬，富有彈性，自身的爆發力隨之增長，身心也得以淨化，人體機能得以改善。這時會有勁力倍增，渾身是勁，極富鬆彈，周身輕靈，精力充沛的感覺。但也有些人，練功時會有便意，雖有便意也屬於正常。

四、靜力樁（定步樁）練法

靜力樁是太極拳內功功法，是一種身體保持一定的姿勢、神意保持於一定的狀態、靜止站立的練習方法。經常練習站樁可達到形體放鬆、神意安然、調節呼吸、內氣順暢、通暢血液、舒和筋骨、溫養肌肉、疏通經絡，使神經系統得到充分休息、調整和鍛鍊等效果。還可促進體內各系統的新陳代謝，增強腿部的堅固和柔韌性，改善內臟器官，從而達到養生、袪病、強身和益智的目的。

站樁既能使人體平衡發育，調節和增進人體內部的生理功能，又可培養人體本身的所特有的內在力量。站樁可以蓄力於全身，為推手、技擊打下良好的基礎。因此，拳諺有「百練不如一站」「練拳無樁步，房屋無立柱」之說。拳理中又有「欲求技擊妙用，須以站樁換勁為根始，所謂使其弱者轉為強，拙者化為靈也」的精闢論述。由此可見，站樁是既能增強體質，又能提高技擊能力的一種有效的方法。

（一）無極樁

無極樁也稱自然樁，是太極拳內功重要的樁法之一，被歷代拳家認為是太極拳的根基。拳理說：「太極者，無極而生也。」練習此樁時身體處於高度放鬆的狀態，意形合一，陰陽相調，無形無象，是一種平衡和諧的內在運動。

1. 樁勢：兩腳平行分開，與肩同寬，身體自然站立，脊柱鬆直，頭微上頂，下頜內收，兩臂自然下垂於體兩側，掌心向內，掌指向下，口輕閉，舌抵上腭，雙目微閉（圖3-

5）。

2.要領：十趾抓地，足心含空，兩腿微屈，斂臀鬆胯，含胸鬆腹，沉肩墜肘，精神集中，全身放鬆。

3.呼吸：以鼻呼鼻吸，呼吸自然、均勻、緩慢、細長。

4.意念：排除雜念，意念專一，使內氣充盈，任內氣自然周流全身，並達到身體內外的統一。

5.要求：每次靜站 10～30 分鐘，每日站 1～2 次。

圖 3-5

6.作用：培養元氣，放鬆身體，穩固身體重心，端正身體姿勢，增強腿部力量。能收到健身強體的功效。

（二）太極樁

太極樁也稱為三圓樁又稱渾圓樁。是太極拳樁功中重要的內功樁法之一。

1.樁勢：兩腳平行分開，與肩同寬，身體自然站立，兩手平端於身體兩側，前臂與地面平行，兩臂成環抱，掌心向內，掌指相對，相距同肩寬，虎口張圓，手指自然彎曲，口輕閉，舌抵上腭，雙目微閉（圖3-6）。

2.要領：十趾抓地，足心含空，兩腿自然彎曲，圓襠鬆胯，頭正脊直，沉肩墜肘，全身放鬆。

圖 3-6

3. 呼吸：以鼻呼鼻吸，呼吸自然、均勻、緩慢、細長。

4. 意念：吸氣時，體會兩掌間的相互吸引力；呼氣時，體會兩掌間的相互排斥力。

5. 要求：每次練習 10～30 分鐘，每日練習 1～2 次。

6. 作用：端正身體姿勢，增強腿部力量，穩定身體重心，增強兩手掤勁，提高聽勁的能力。能收到強身健體的功效。

圖 3-7

（三）扶虎椿

扶虎椿又稱按球椿，是太極拳常用的內功功法之一。

1. 椿勢：兩腳平行分開，與肩同寬，身體自然站立，兩手向上提起於體前，高與小腹平，掌心均向下，虎口張開斜相對，口閉合，舌抵上腭，雙目微閉（圖 3-7）。

2. 要領：十趾抓地，足心含空，兩腿自然彎曲，圓襠鬆胯，頭正脊直，鬆肘坐腕兩掌心含空，全身放鬆。

3. 呼吸：以鼻呼吸，呼吸自然、均勻、緩慢、細長。

4. 意念：呼氣時，想像兩手將兩塊木板慢慢按入水中；呼氣時，想像兩木塊從水中向上浮出水面。

5. 要求：每次練習 10～30 分鐘，每日練習 1～2 次。

6. 作用：端正身體姿勢，增強腿部力量，穩定身體重心，增強兩手之內勁和兩手的聽勁能力。能收到健身強體的功效。

（四）推山樁

推山樁又稱朝陽樁，是太極拳重要的內功樁法之一。

1. 樁勢：兩腳平行分開，與肩同寬，身體自然站立，雙手抬起，高與胸平，兩臂弧形微彎曲，兩掌掌心向前，掌指向上，口閉合，舌抵上腭，雙目微閉（圖3-8）。

2. 要領：十趾抓地，足心含空，兩腿自然彎曲，腰胯鬆沉，頭正項直，沉肩墜肘，塌腕展指，全身放鬆。

圖3-8

3. 呼吸：以鼻呼吸，呼吸自然、均勻、緩慢、細長。

4. 意念：呼氣時，兩手用意前推，此時的前推是兩手前推而沒推，意動而手不動，並用心體會空氣對兩掌的阻力；吸氣時，兩手用意回抽，此時的抽手是意動而手不動，並用心體會空氣對兩手的阻力。

5. 要求：每次練習10～30分鐘，每日練習1～2次。

6. 作用：可穩固根基，增長功力，提高兩手聽勁能力。能收到強身健體的效果。

（五）托塔樁

托塔樁又稱大字樁，是太極拳重要的內功功法之一。

1. 樁勢：兩腳平行分開，與肩同寬，身體自然站立，兩臂側平舉，兩臂微彎曲，兩手略高於肩，兩手手心均向上，手指斜向外，口閉合，舌抵上腭，雙目微閉（圖3-9）。

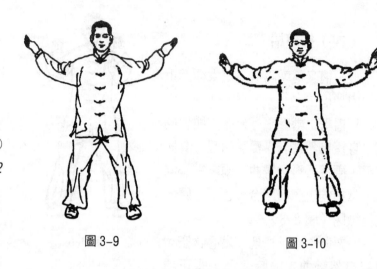

圖 3-9　　　　　　　　圖 3-10

2.要領：十趾抓地，足心含空，兩腿自然彎曲，腰胯鬆沉，頭正項直，沉肩墜肘，掌心含空，全身放鬆。

3.呼吸：以鼻呼吸，呼吸自然、均勻、緩慢、細長。

4.意念：想像兩手各托一塔，有下墜之感。

5.每次練習 10～30 分鐘，每日練習 1～2 次。

6.作用：穩固根基，增長兩腿、兩臂的力量，使身體放鬆，端正姿勢。收到健身強體的作用。

（六）四象樁

四象樁也稱四向樁或稱為側推樁，是太極拳內功重要的功法之一。

1.樁勢：兩腳平行分開，與肩同寬，身體自然站立，兩臂側平舉，高與肩平，掌心均向外，掌指斜向上，口輕閉合，舌抵上腭，雙目微閉（圖 3-10）。

2.要領：十趾抓地，腳心含空，兩腿自然彎曲，沉胯裹

圓，頭正項直，沉肩墜肘，坐腕展指，全身放鬆。

3. 呼吸：以鼻呼鼻吸，呼吸自然、均勻、緩慢、細長。

4. 意念：呼氣時，兩臂有外撐的感覺；吸氣時，兩臂稍有回收的感覺。

5. 要求：每次練習10～30分鐘，每日練習1～2次。

6. 作用：穩固根基，增長兩腿、兩臂的力量和周身的整勁，使身體高度放鬆，端正姿勢。提高兩手聽勁的技能。能收到健身強體的功效。

（七）貫頂樁

貫頂樁也稱為罩頂樁或上合樁，是太極拳內功重要的功法之一。

1. 樁勢：兩腳平行分開，與肩同寬，身體自然站立，兩臂上舉，高過頭部，掌指向內，掌心斜向下，虎口撐圓相對，兩臂環抱成圓形，口輕合閉，舌抵上腭，雙目輕閉（圖3-11）。

2. 要領：十趾抓地，腳心含空，兩腿自然彎曲，立腰沉胯，頭正項直，兩臂撐圓，全身放鬆。

3. 呼吸：以鼻呼吸，呼吸自然、均勻、緩慢、細長。

4. 意念：想像天空中清新之氣，由頭頂百會穴源遠不斷地沿任脈貫入丹田。

5. 要求：每次練習10～30分鐘，每日練習1～2次。

圖3-11

6.作用：穩固根基，增長兩腿的力量，可使丹田之氣充盈，全身高度放鬆。能收到健身強體的效果。

（八）托抱椿

圖 3-12

托抱椿又稱養丹椿，是太極拳內功重要的功法之一。

1.椿勢：兩腳平行分開，與肩同寬，身體自然站立，兩手自然在體前抬起，與小腹同高，掌心向上，手指張開，如托球狀，腕部放鬆，雙臂弧形環抱，口輕閉合，舌抵上腭，雙目微閉（圖 3-12）。

2.要領：十趾抓地，全身放鬆，兩腿自然彎曲，頭正身直，腕部鬆平，兩臂環抱。

3.呼吸：以鼻呼吸，呼吸自然、均勻、緩慢、細長。

4.意念：吸氣時，想像清新之氣由頭頂百會穴沿任脈進入丹田；呼氣時，想像丹田內充盈。

5.要求：每次練習 10～30 分鐘，每日練習 1～2 次。

6.作用：穩固根基，增長腿部的力量，使丹田內氣充盈。能收到健身強體的功效·

（九）托天椿

托天椿是太極拳內功重要的功法之一。

1.椿勢：兩腳平行分開，與肩同寬，兩手上舉於頭上方，掌心向上，手指斜向內，掌心內含，如托天狀，目視

上方（圖 3-13）。

2. 要領：十趾抓地，兩腿自然彎曲，立腰展胸，沉肩墜肘，屈臂成弧形，全身放鬆。

3. 呼吸：以鼻呼吸，呼吸自然、均匀、緩慢、細長。

4. 意念：呼氣時，身體有向外膨脹的感覺；吸氣時，全身稍有回縮的感覺。

5. 要求：每次練習 10～30 分鐘，每日練習1～2次。

圖 3-13

6. 作用：穩固根基，舒展身體筋骨，使身體內氣周身暢通。收到健身強體的功效。

（十）三體樁

三體樁又名虛步樁也稱手揮琵琶樁，是太極拳內功重要的功法之一。

1. 樁勢：左腿屈膝半蹲，左腳稍外展，右腳向前一步，腳跟著地，腳尖勾起，向前上方，身體重心移至右腿，上體正直，兩臂前伸於體前，右

圖 3-14

掌在前，左掌在後，於右肘內下側，掌指均向前，掌心均向下，兩臂稍屈，成為手揮琵琶式，雙目平視前方（圖 3-14）。

2. 要領：兩腳虛實分明，後實前虛，立腰正脊，頭正項

直，沉肩墜肘，兩臂開中寓合，合中有開，全身放鬆。

3. 呼吸：以鼻呼吸，呼吸自然、均勻、緩慢、細長。

4. 意念：呼氣時，兩掌微前推，這時的推是意動而手不動，兩掌前推時用心仔細地體會空氣對兩手的阻力，吸氣時，兩掌微收，這時的收也是意動而手不動，回收時用心仔細地體會空氣對兩掌的阻力。

5. 要求：每次練習 10～30 分鐘，然後按上法換式練習，方法相同惟左右相反。每日練習 1～2 次。

6. 作用：穩固根基，提高身體的平衡能力和身體對於虛實的感應，增長勁力，強化兩手的聽勁能力。能收到健身強體的作用。

（十一）兩儀樁

兩儀樁雙稱陰陽樁也稱托按樁，是太極拳內功重要樁法之一。

1. 樁勢：兩腳前後開立，前腿稍虛後腿實成為四六步，左臂抬起，托於胸前，掌心向上，掌指向前，右掌按於小腹前，掌心向下，掌指向前，兩手成托按的呼應之勢，兩臂微屈，雙目平視正前方（圖 3-15）。

2. 要領：兩腳前虛後實，兩腿稍屈蹲，坐胯立腰，沉肩墜肘，頭正項直，兩臂保持弧形，全身放鬆。

圖 3-15

3.呼吸：以鼻呼吸，呼吸自然、均勻、緩慢、細長。

4.意念：呼氣時，兩手輕微向上下外分，用心體會兩掌間有一股阻力；吸氣時，用心體會兩手間引力。

5.要求：每次練習10～30分鐘，然後換式練習，方法相同惟左右相反。每日練習1～2次。

6.作用：穩固根基，增強兩手內勁及兩手的聽勁。能收到健身強體的效果。

（十二）七星樁

七星樁是太極拳內功重要的功法之一。

1.樁勢：兩腳前後分開，右腳在後，腳尖外展，右腿屈膝半蹲，左腿在前腳跟著地，腳尖翹起，稍向外展，身體重心移於右腿，前腿虛後腿實，上體正直，兩手向前探於胸前，左手在前，高與肩平，掌心向右前下方，掌指向前上方，虎口張開，右手在後，附於左肘內側，掌心斜向內下，掌指向前，虎口張開，目視左手虎口處（圖3-16）。

2.要領：兩腳虛實分明，坐胯立腰，頭正項直，沉肩墜肘，兩臂微屈，虎口撐圓，全身放鬆。

3.呼吸：以鼻呼吸，呼吸自然、均勻、緩慢、細長。

4.意念：呼氣時，想像內氣由兩手食指向外放出；吸氣時，想像天地間的清新之氣由兩手勞宮穴進入體內，沉入丹田。

圖3-16

5. 要求：每次練習 10～30 分鐘，然後換式練習，方法相同，惟左右相反。每日練習 1～2 次。

6. 作用：穩固根基，使內勁能透出體外，增強功力。能收到健身強體的功效。

（十三）五行樁

五行樁是太極拳及太極推手中最為重要的內功功法，也是太極推手的基本間架。它把人體各部按照太極推手的要領安排成一個圓滿完整的姿勢，其整個太極推手都不能離開這個樁勢的基本法則。在推手過程中儘管動作千變萬化，但其步子和要領都離不開五行樁，所以有「萬法不離其宗」之說，因此，練習太極推手必須認真練好五行樁。

1. 樁勢：右腳向右前上一步，腳尖稍內扣，兩腳後跟稍向上抬起，兩腳前腳掌著地，兩腿屈膝半蹲，兩膝稍內扣，成為不弓不馬的「太極五行步」，上體稍向前傾，使身體重心落在前腳尖處，臀部裡收，襠部向前上翻捲，兩手屈伸於胸前，兩手成掌，五指自然伸開，掌指均向前，掌心均斜向前上方，右掌在前，左掌在後，左掌在右肘內側方，目視前方（圖 3-17），如此靜站一定時間後，換步練習，姿勢相同，惟左右方向相反。

2. 要領：兩足十趾抓地，斂臀提襠，收腹弓腰，背脊上拔，頭項上領，舌抵上腭，下頜微收，沉肩

圖 3-17

墜肘，全身高度放鬆，思想集中。

3.呼吸：以鼻呼吸，呼吸自然、均勻、緩慢、細長。

4.意念：呼氣時，兩掌輕微前（或上、或下、或左、或右）推，這時的推是意動而勢不動（心裡想著兩手向前推動，而實際上手沒向前移動），兩掌前推時用心仔細體會空氣對手的阻力；吸氣時，兩掌微裡收，這時的收也是意動而手不動，回收時用心仔細體會空氣對手的阻力。透過如此練習，可隨著手掌對空氣阻力感覺的增強而功力不斷增長。

待兩掌前推時，體會到掌前有極強的阻力後；再體會兩掌前推時不僅向前有極強的阻力，而且向上也有極強的阻力；然後又體會到向下、向左、向右，甚至於向後也都有極強的阻力；這時體會到的各個方向均有極強的阻力，稱之為「混圓力」。再繼續練習，當體會到有一個方向上的力大於各個方向的力後，即衝破了「混圓力」則大功告成。

5.作用：此樁能夠貯勁蓄力，增長功力，可穩固根基，有利於發勁，有利於攻防，更有利於健身強體。因此，此樁是太極推手最重要的功夫，是太極拳推手基本間架，推手中萬變不離此樁勢，否則架散勁散，勁散則不穩，必敗也。故有「萬變不離五行樁」之說。所以，推手必須重點練好此樁。

6.要求：每次靜站15～30分鐘，每日練習1～2次。

註：筆者得此樁後，經過長期練習驗證，此樁功效較為顯著，並有以下認識及體會。

（1）此樁步採用了「不弓不馬」的太極五行樁步，克服了以往常用的弓步只有豎勁，沒有橫勁，馬步的只有橫勁而缺少豎勁的缺點，集中了弓步有豎勁，馬步有橫勁的優點

於一步之中，為穩固根基，更好地發勁、化勁打下了堅實的基礎，解決了推手中不穩的根本性問題。

（2）此樁步，兩膝內扣，使兩腿相當於有了橫撐，使間架更加牢固，使步子更為穩固一體（勁）。

（3）此樁步，要求臀部內斂，襠部上捲翻，這樣使力更能順暢，而避免力從臀部向外分流。

（4）此樁要求兩腿微屈或半蹲，弓腰、兩臂屈伸於胸前，使整個身體形成了「五張弓」，使之能更好地蓄力（勁），為發勁奠定了堅實的基礎。

（5）此樁要求兩腳跟抬起，身體稍向前傾斜，這樣可使力向向前，避免了直體站立時力直向上的力向，可提高在推手中的有效率；還可在推手中充分利用身體的傾斜下壓力，可使自己的身體體重自然地落在對方身上，給對方造成一定的壓力負擔。

（6）腳跟提起，一身具五弓，具備了發力過程中所需具備的條件，即兩腳（前掌）蹬地，使地對身體產生的反作用力，通過伸腿、長腰、豎脊、懸頂、展臂、直腕、彈指，而由腳順暢地傳遞到指。發出的這種勁，是一種身體由收縮變為伸張，由緊到鬆的過程，是「由腳而腿而腰」和「形於手指」「完整一氣」的整勁。這種勁極沉重，極剛強，極迅猛，極乾脆而無堅不摧。此樁是發這種勁的基礎，配合好發勁動作即可發出。凡發勁不得不練此樁。

（7）兩手屈於胸前不僅有利於前推、發勁，而且更有利於在推手過程中進行攻防。

說明：以上樁功可根據自己的需要而選取其中的1～2個樁式或幾個樁式先從低樁練起，一般地站低樁（站立深度

一般達到大腿低於水平或成水平狀態）百日後，再站中樁（站立深度一般大腿稍高於水平狀態），中樁站百日後，再站高樁（站立深度一般成自然站立狀態）百日。每日站 1～2 次，每次站 15～30 分鐘。堅持不懈地練習，可收到預期的效果。

練習時，一是不可今天練習這個樁法，明天練那個樁法，雖然都練了，但不會收到較好的效果。因為都練，難以保證練習時間，使練習強度難以達到。當然，若是時間充足的話，多選練幾個樁法也並非不可。

二是要持之以恆，不可間斷。

三是要有吃苦耐勞精神，要能挺過酸痛關，不能因站樁時肌肉關節酸痛而休止練功，因越酸痛越是長功，再者酸痛時稍忍即過，酸痛過後便覺身體輕鬆舒服，精神飽滿，勁力充足。一般開始站的半月時間裡，每次站的前 15 分鐘最感肌肉酸痛，忍住幾分鐘後酸痛就會過去，而就不覺酸痛了。連續站半月後，酸痛現象可逐漸消失。

五、定步活手樁練法

（一）雲手

【方法】

採用五行樁勢，兩手在胸前同時向外、向下、向裡、向上做繞環動作，目隨視上手（圖 3-18）。

圖 3-18

【要點】

兩手動作要協調，腰催手轉，腳緊（即向下踩地）催腰緊，兩臂繞環要柔緩，速度均勻，兩臂放鬆，繞環幅度不可太大，不超出胸腹面。

【要求】

椿步不變，兩手臂繞環以腰帶動，腳下催力，不可只單獨做上肢動作。思想注意力集中在兩手。反覆練習3～5分鐘後，再做裡繞臂動作，方法、要求均同。

【作用】

化撥對方之手，防護胸腹、兩上肢被控制。以增強兩手的功力和技擊能力。

圖 3-19

（二）捋擠手

【方法】

採用五行椿勢，兩手胸前同時稍向右前伸（圖3-19）。然後稍向左側後下回捋帶拉，身體隨之下坐；左手在身體左側做搭手動作，然後，身體稍向前傾，同時兩臂圓撐向右前擠臂，目隨手視（圖3-20）。

【要點】

椿步不變，動作協調、連貫，以腰催力，帶臂捋擠，速度均勻、緩

圖 3-20

慢，上體放鬆，內勁圓滿外撐。

【要求】

勁力完整一體，動作圓活一氣，勁從腳生，傳遞於上肢。反覆練習 3～5 分鐘後，換式練習，方法、要求均同。

【作用】

可捋化或捋摔擠摔對方。以增強功力，提高技擊能力。

（三）橫推手

【方法】

採用五行樁勢，左腳下踩，右腳蹬地，上體稍向左轉，同時稍向外翻轉，左手稍向裡翻轉（圖 3-21）。上體繼續左轉，左手向左後下按掌於左胯旁，掌心向前，掌指斜向左；右手向左橫推，右手仍不超出胸部中線，掌心向左下方，掌指斜向前上方，目隨手視（圖 3-22）。

圖 3-21

【要點】

動作要協調，兩腳蹬地，轉腰按推掌要一致，上體放鬆，勁運於兩手。動作均勻、緩慢。

【要求】

橫推時身體隨推掌轉動，不可只動上臂，這樣只動上肢，運用末節之勁，

圖 3-22

圖 3-23   圖 3-24

像無源之水是很微弱的。因此，橫推掌要勁生於兩腳，傳於腰而達於手。反覆練習3～5分鐘，然後換式練習。

【作用】

能提高兩手的功力，增強橫打和化卸對方的能力。

（四）捧放手

【方法】

採用五行樁勢，兩腳下踩，身體稍向左轉、下蹲，兩手向外下翻掌於兩腰側（圖3-23）；然後，兩腳蹬地身體稍向上起，兩手同時稍上托，掌心向上，掌指均向前，目視前方（圖3-24）。

【要點】

身手同時下落、上起，完整一氣，動作緩慢。兩手隨身起上托。身體豎直上起。不可前俯後仰。

【要求】

圖 3-25　　　　　　　　　　　　　　　圖 3-26

　　兩腳蹬地發力，力催於手，不可兩手單獨上托。可反覆
練習 3～5 分鐘後，換式進行。

　　【作用】

　　可提高兩手上提之勁，能提高兩手功力和斷對方腳跟及
提放對方的效果。

（五）推按手

　　【方法】

　　採用五行椿勢，兩腳下踩，身體稍向下屈坐，兩臂屈
收，兩手成為掌心斜向前下，掌指稍向上（圖 3-25）；然
後，兩腳蹬地，長腰、展臂，兩手向前上推按，兩掌掌心向
下，掌指向前，目視兩掌（圖 3-26）。

　　【要點】

　　推按掌時，動作連貫，向前上推按，推按角度與水平線
成 45°夾角。收臂時身體下坐收緊，而不是後仰坐；推按掌

兩臂放鬆，快速推按，力達兩掌。

【要求】

推按發勁完整，勁從兩腳生出，傳於腰而達於兩手。勁力不可間斷，上體不可僵緊，以免勁力在傳遞中受阻。可反覆進行練習3～5分鐘後，再換式進行。

【作用】

可提高兩手的功力，增強發放能力，提高技擊技能。

（六）彈指手

【方法】

採用五行樁勢，兩腳下踩，身體稍向下屈坐，兩臂屈收於兩肩前，兩手成為掌心斜向下方，掌指捏成撮（圖3-27）；然後，兩腳蹬地，長腰、展臂，兩手向前撣指，十指舒展，指尖向前，掌心向下，目視兩掌（圖3-28）。

【要點】

撣指動作連貫，向前撣指與兩腳蹬地要協調一致。收臂時身體下坐收緊，而不是後仰坐；撣指時兩臂放鬆，快速舒展十指，力達指尖。

圖 3-27

圖 3-28

【要求】

揮指發勁完整，勁從兩腳生出，傳於腰而達於兩手十指。勁力不可間斷，上體不可僵緊，以免勁力在傳遞中受阻。可反覆進行練習 3～5 分鐘後，再換式進行。

【作用】

可提高兩手的功力，增強揮抖發放能力，提高技擊技能。

六、行步椿練法

行步椿又名走步子，一般地採用五行椿勢，是在椿步不變的情況下，兩腳向前移動行走，在走動中進行練功的一種方法。走步時可兩手不動也可以配上各種上肢動作，以熟悉技法，體會動作要領。

圖 3-29

（一）基本行步

【方法】

由五行椿式開始（圖 3-29）；兩腳蹬地，催身體慢慢前傾，使身體重心前移，當身體重心將要移出體外時，前腳向前上半步（圖 3-30）；前腳落步踏實後，後腳向前跟進半步，仍成

圖 3-30

五行椿式（圖 3-31）。如此一步一步向前行走，反覆練習 10～30 分鐘。

【要點】

行步要保持身體傾斜中向前跟步，身體帶動腳步前移，而不是腳步向前走路。意念中想著是推著一個人向前走，自己的力量落在對方身上，推著對方向前走。但思想和肢體都要放鬆，不可用勁。

圖 3-31

太極推手秘傳

【要求】

（1）以上椿勢不變，向前走動，不准忽高忽低。

（2）前腳向前走半步，後腳迅速跟上半步，瞬間完成。兩腳向前走時，腳後跟一落地即抬起，不可以腳跟行走。

（3）胸要前擁，兩手向前上方用勁，但肘不離肋，如同活碉堡向前推動。

（4）右腳在前為右式，左腳在前為左式，其他姿勢要求相同。左右式應交替練習。

（5）此式修練百日後即可升級疾步椿練習。

【作用】

（1）可使身體在動作中求得定形，使五行椿式不變。

（2）可使腳步在推手中能有序地進退，有利於推手技術的發揮。

（3）可增強兩腳的蹬力，使根基在動作中保持穩固，功力能在推手中充分體現。

圖 3-32

圖 3-33

（4）可增強推手的實戰能力。

（二）雲手行步

【方法】

由五行樁式開始（圖 3-32）；兩腳蹬地，催身體慢慢前傾，使身體重心前移，同時兩手在胸前向外、向下繞轉半周，當身體重心將要移出體外時，前腳向前上半步（圖 3-33）；前腳落步踏實後，兩手在胸前向裡、向上繞轉半周，同時後腳向前跟進半步，仍成五行樁式（圖 3-34）。如此一步一步向前行走，反覆練習 10～30 分鐘。

圖 3-34

【要點】

行步要保持身體傾斜中向前跟步，身體帶動腳步前移，而不是向前走路，兩手在胸前畫立圓，兩手繞轉要連貫圓活，並與行步要協調一致。意念中想著是用手將對方推來之手撥化開，推著對方向前走，自己的力量落在對方身上。但思想和肢體都要放鬆，不可用勁。

（1）以上樁勢不變，向前走動，邊走兩手邊畫圈子，兩手畫圈子時，兩肘輕貼於兩肋前，僅前臂和手繞轉；走動時樁勢不准忽高忽低。

（2）前腳向前走半步，後腳迅速跟上半步，瞬間完成。兩腳向前走時，腳後跟一落地即抬起，不可以腳跟行走。

（3）胸要前擁，兩手向前上方用勁，但肘不離肋，如同活碉堡向前推動。

（4）右腳在前為右式，左腳在前為左式，其他姿勢要求相同。左右式應交替練習。

（5）此式修練百日後即可升級疾步樁練習。

【作用】

本功法意在行功中保持底盤穩固，熟悉雲手技法，增強撥化能力。

（三）捋擠行步

【方法】

由五行樁式開始（圖3-35）；兩腳蹬地，催身體慢慢前傾，使身體重心前移，同時兩手在胸前向外後做捋手動

圖 3-35

圖 3-36

作，當身體重心將要移出體外時，前腳向前上半步（圖 3-36）；前腳落步踏實後，兩手在胸前向前送擠推，同時後腳向前跟進半步，仍成五行椿式（圖 3-37）。如此一步一步向前行走，反覆練習 10～30 分鐘。

【要點】

行步要保持身體傾斜中向前跟步，身體帶動腳步前移，而不是向前走路，上步時兩手向外後捋動，

圖 3-37

跟步時兩手前送，捋手、擠推不可用力；兩手動作與行步要協調一致。意念中想著是用手將對方推來之手捋化開後，推著對方向前走，自己的力量落在對方身上。但思想和肢體都要放鬆，不可用勁。

【要求】

（1）以上樁勢不變，向前走動，邊走兩手邊捋化動作，兩手捋化時動作幅度不可過大，兩肘輕貼於兩肋前；走動時樁勢不准忽高忽低。

（2）前腳向前走半步，後腳迅速跟上半步，瞬間完成。兩腳向前走時，腳後跟一落地即抬起，不可以腳跟行走。

（3）胸要前擁，兩手向前上方用勁，但肘不離肋，如同活碉堡向前推動。

（4）右腳在前為右式，左腳在前為左式，其他姿勢要求相同。左右式應交替練習。

（5）此式修練百日後即可升級疾步樁練習。

【作用】

本功法意在行功中保持底盤穩固，熟悉後捋技法，增強捋化能力。

（四）橫推行步

【方法】

由五行樁式開始（圖3-38）；兩腳蹬地，催身體慢慢前傾，使身體重心前移，同時前手在胸前向裡橫推，上體隨之稍轉，當身體重心將要移出體外時，前腳向前上半步（圖3-39）；前腳落步踏實後，後手在胸前向裡橫推，同時上體隨之稍轉，後腳向前跟進半步，仍成五行樁式（圖

圖3-38

圖3-39　　　　　　　　　　圖3-40

3-40）。如此一步一步向前行走，反覆練習10～30分鐘。

【要點】

行步要保持身體傾斜中向前跟步，身體帶動腳步前移，而不是向前走路，上前步時橫推前手，跟步時橫推後手，兩手的橫推幅度不可太大，橫推時只是隨身體的稍稍轉動而推，並非是伸臂而推，橫推與行步要協調一致。意念中想著自己的力量落在對方身上，用手將對方推偏而倒。但思想和肢體都要放鬆，不可用勁。

【要求】

（1）以上樁勢不變，向前走動，邊走邊橫推手，橫推時兩肘輕貼於兩肋前，走動時樁勢不准忽高忽低。

（2）前腳向前走半步，後腳迅速跟上半步，瞬間完成。兩腳向前走時，腳後跟一落地即抬起，不可以腳跟行走。

（3）胸要前擁，如同活碉堡向前推動。

（4）右腳在前為右式，左腳在前為左式，其他姿勢要求相同。左右式應交替練習。

（5）此式修練百日後即可進行疾步樁練習。

【作用】

本功法意在行功中保持底盤穩固，熟悉打偏技法，增強偏打能力。

（五）捧放行步

圖 3-41

【方法】

由五行樁式開始（圖 3-41）；兩腳蹬地，催身體慢慢前傾，使身體重心前上移，同時兩手手心向上，在胸前向外、向下、向裡、向上捧臂，當身體展開、重心將要移出體外時，前腳向前上半步（圖 3-42）；前腳落步踏實後，兩手翻掌，手心向下，在胸前向外下鬆放，同時後腳向前跟進半步，仍成五行樁式（圖 3-43）。如此一步一步向前行走，反覆練習 10～30 分鐘。

【要點】

行步要保持身體傾斜中向前跟步，身體帶動腳步前移，而不是向前走路，上前步時兩臂上捧，跟步時兩手放鬆，兩手的捧與放幅度不可太大，橫推時只是隨身體的伸展而捧，並非是兩臂向上高抬，兩手捧放與行步要協調一致。意念中想著將對方提起、放倒。但思想和肢體都要放鬆，不可用勁。

圖 3-42

圖 3-43

【要求】

（1）以上椿勢不變，向前走動，邊走邊橫推手，橫推時兩肘輕貼於兩肋前；走動時椿勢不可起伏過大。

（2）前腳向前走半步，後腳迅速跟上半步，瞬間完成。兩腳向前走時，腳後跟一落地即抬起，不可以腳跟行走。

（3）右腳在前為右式，左腳在前為左式，其他姿勢要求相同。左右式應交替練習。

（4）此式修練百日後即可升級疾步練習。

【作用】

本功法意在行功中保持底盤穩固，熟悉捧放技法，增強捧放能力。

（六）旋打行步

【方法】

　　由五行樁式開始（圖3-44）；兩腳蹬地，催身體慢慢前傾，使身體重心前移，同時前手在胸前，前臂向裡、向下、上臂肘向前、向上橫抬旋打，後手在胸前稍向外側下按，上體隨之稍轉，當身體重心將要移出體外時，前腳向前上半步（圖3-45）；前腳落步踏實後，兩手還原，同時上體隨之稍轉，後腳向前跟進半步，仍成五行樁式（圖3-46）。如此一步一步向前行走，反覆練習10～30分鐘。

太極推手秘傳

圖 3-44

圖 3-45

圖 3-46

【要點】

行步要保持身體傾斜中向前跟步，身體帶動腳步前移，而不是向前走路，上前步時前手旋抬臂、後手外下按，跟步時兩手還原，旋打時上體隨之轉動，旋打與行步要協調一致。意念中想著自己的兩臂伸進對方兩腋下而抬臂將對方旋打而倒。但思想和肢體都要放鬆，不可用勁。

【要求】

（1）以上樁勢不變，向前走動，邊走邊旋抬手臂，旋抬臂時後手配合外下按，兩手要柔和協調，走動時樁勢起伏不可太大。

（2）前腳向前走半步，後腳迅速跟上半步，瞬間完成。兩腳向前走時，腳後跟一落地即抬起，不可以腳跟行走。

（3）胸要前擁，如同活碉堡向前推動。

（4）右腳在前為右式，左腳在前為左式，其他姿勢要求相同。左右式應交替練習。

（5）此式修練百日後即可升級疾步練習。

【作用】

本功法意在行功中保持底盤穩固，熟悉旋打技法，增強旋打能力。

（七）按推行步

【方法】

由五行樁式開始（圖 3-47）；身體屈縮，兩手在胸前裡收蓄勁（圖 3-48）；兩腳蹬地，催身體慢慢前傾，使身體重心前移，當身體展開、重心將要移出體外時，同時兩手

| 圖 3-47 | 圖 3-48 | 圖 3-49 |

向前推按展臂直腕彈指，勁由指尖放出，前腳隨之向前上半步（圖 3-49）；前腳落步踏實後，後腳向前跟進半步，仍成五行樁式，接著身體屈縮，兩手在胸前裡收蓄勁。如此一步一步向前行走，反覆練習 10～30 分鐘。

【要點】

行步要保持身體傾斜中向前跟步，身體帶動腳步前移，而不是腳步向前走路，跟步時屈身蓄勁，展身推按時兩手向前上步，推按兩掌時，兩腳蹬地、伸腿、長腰、消肩、展臂、直腕、彈指、全身完整一氣，把勁從手指向外放出去。意念中想著自己的力量落在對方身上，用手將對方推按放出而倒。但思想和肢體都要放鬆，不可用勁。

【要求】

（1）以上樁勢不變，向前走動，邊走邊推，跟步時屈身形成「五弓」；兩掌推按時上步。

（2）前腳向前走半步，後腳迅速跟上半步，瞬間完

圖 3-50　　　　　　　　　　圖 3-51

成。兩步向前走時，腳後跟一落地即抬起，不可以腳跟行走。

（3）胸要前擁，如同活碉堡向前推動。

（4）右腳在前為右式，左腳在前為左式，其他姿勢要求相同。左右式應交替練習。

（5）此式修練百日後即可升級疾步練習。

【作用】

本功法意在行功中保持底盤穩固，熟悉推按技法，增強推按能力。

（八）彈指行步

【方法】

由五行樁式開始（圖 3-50）；身體屈縮，兩手屈臂裡收於頭兩側蓄勁（圖 3-51）；兩腳蹬地，催身體慢慢前傾，使身體重心前移，當身體展開、重心將要移出體外時，

同時兩手向前下展臂彈指，勁由指尖放出，前腳隨之向前上半步（圖3-52）；前腳落步踏實後，後腳向前跟進半步，仍成五行樁式，接著身體屈縮，兩手屈臂裡收於頭兩側蓄勁。如此一步一步向前行走，反覆練習10～30分鐘。

圖3-52

【要點】

行步要保持身體傾斜中向前跟步，身體帶動腳步前移，而不是腳步向前走路，跟步時屈身蓄勁，展身彈指時，向前上步，兩手彈指時，兩腳蹬地、伸腿、長腰、消肩、展臂、直腕、彈指、全身完整一氣，把勁從手指向外放出去。意念中想著自己的力量落在對方身上，用手將對方彈出放倒。但思想和肢體都要放鬆，不可用勁。

【要求】

（1）以上樁勢不變，向前走動，邊走邊彈，跟步時屈身形成「五弓」；兩手彈指時上步。

（2）前腳向前走半步，後腳迅速跟上半步，瞬間完成。兩腳向前走時，腳後跟一落地即抬起，不可以腳跟行走。

（3）右腳在前為右式，左腳在前為左式，其他姿勢要求相同。左右式應交替練習。

（4）此式修練百日後即可升級疾步練習。

| 圖 3-53 | 圖 3-54 | 圖 3-55 |

【作用】

本功法意在行功中保持底盤穩固，熟悉撞放技法，增強彈放能力。

七、疾步椿練法

疾步椿又名打點子，是活步椿的一種，就是以疾快的速度行步。是一種身體高速晃動顫抖，精神激發，提高運動速度，變快抖節奏練功方法。練習時兩手在胸前可以不動，也可以配以雲手動作。

（一）基本疾步

【方法】

由五行椿式開始（圖 3-53）；兩腳不停地快速交替蹬地起落（圖 3-54、55）。可原地進行，也可行進中進行，

一般地一組可一氣做數十次兩腳交替起落。做完一組，稍休息片刻再做第二組、第三組……每次做 20～100 組。

【要點】

（1）兩腳起落要輕快，起腳時以前腳掌蹬地。

（2）要點基本與五行椿相同，特別著重提出的是兩肩和兩肘要放鬆。

【要求】

（1）疾步過程中五行椿式不變，兩腳不要抬高，不停地交替起落，起落的越來越快，應有一定的節奏感。

（2）練功時要做到局部放鬆和整體放鬆相結合進行鬆緊調節。

【作用】

（1）能收到激發精神的作用，可興奮神經，起到提神的作用。

（2）可使身體在快速動作中，動作不變形。

（3）在推手中能起到調節身體平衡的作用。

（4）在推手時當對方被推後退時，可起到直追不捨，繼續快速逼進的作用。

（二）雲手疾步

【方法】

由五行椿式開始（圖 3-56）；兩腳不停地快速交替蹬地起落同時兩手在胸前做向外、向下、向裡、向上繞轉動手動作（圖 3-57、58）。可原地進行，也可行進中進行，一般地一組可一氣做數十次兩腳交替起落。做完一組，稍休息片刻再做第二組、第三組……每次做 20～100 組。

圖 3–56　　　　　　圖 3–57　　　　　　圖 3–58

【要點】

（1）要點基本與五行椿相同，特別著重提出的是兩肩和兩肘要放鬆。

（2）兩腳起落要輕快，起腳時以前腳掌蹬地。

（3）兩手胸前畫立圓，兩手繞轉要圓活，與步子的起落要協調一致。

【要求】

（1）疾步過程中五行椿式不變，兩腳不要抬高，不停地交替起落，起落的越來越快，應有一定的節奏感。

（2）兩手前後由內向外轉立圓，立圓不要大，隨著腳步起落的快慢而逐步加快轉動速度。

（3）練功時要做到局部放鬆和整體放鬆相結合進行鬆緊調節。

【作用】

（1）能收到激發精神的作用，可興奮神經，起到提神

圖 3-59

圖 3-60

太極推手秘傳

的作用。

　（2）可使身體在快速動作中，動作不變形。

　（3）在推手中能起到調節身體平衡的作用。

　（4）可提高推手中邊化邊逼進或邊追打的能力。

八、旋步椿練法

（一）旋步橫手

【方法】

　由五行椿勢開始（圖3-59），以右腳前掌為軸，身體向左後旋轉，帶動左腳輕輕貼地向左後快速畫圓，旋轉90～360°；同時，兩手在胸前，左手做向左後下按掌動作，右手做向左後橫推動作，目隨手視（圖3-60）。然後，右腳震地，五行椿勢不變（圖3-61）。

圖 3-61

圖 3-62

【要點】

　　手腳要協調一致，以腳催力，以腰帶動身體，進行快速旋轉，旋轉同時做橫推動作；轉動速度要疾速快猛，轉動與定式要穩。

【要求】

　　勁力要完整，旋轉中橫推，橫推中旋轉，左腳貼地不可過狠，也不可懸空，貼地過狠影響旋轉速度，懸空則不穩。每做 10 個為一組，做 8 組後，換式進行練習。

【作用】

　　能提高身體的穩度和應變能力，增強橫向旋打能力。

（二）旋步捋手

【方法】

　　由五行樁勢開始（圖 3-62），以右腳前掌為軸，身體向左後旋轉，帶動左腳輕輕貼地向左後快速畫圓，旋轉

90～360°；同時，兩手在胸前，同時做向左後下将帶動作，目隨手視（圖3-63）。然後，右腳震地，五行椿勢不變（圖3-64）。

圖3-63

【要點】

手腳要協調一致，以腳催力，以腰帶動身體，進行快速旋轉，旋轉同時做将帶動作；轉動速度要疾速快猛，轉動與定式要穩。

【要求】

勁力要完整，旋轉中将帶，将手中旋轉，左腳貼地不可過狠，也不可懸空，貼地過狠影響旋轉速度，懸空則不穩。每做10個為一組，做8組後，換式進行練習。

圖3-64

【作用】

能提高身體的穩度和應變能力，增強橫向旋打能力。

（三）旋步捧手

【方法】

由五行椿勢開始（圖3-65），以右腳前掌為軸，身體向左後旋轉，帶動左腳輕輕貼地向左後快速畫圓，旋轉

圖 3-65　　　　　圖 3-66　　　　　圖 3-67

90～360°；同時，兩手在胸前，同時做向上捧後再向左下拋放動作，目隨手視（圖3-66）。然後，右腳震地，五行椿勢不變（圖3-67）。

【要點】

手腳要協調一致，以腳催力，以腰帶動身體，進行快速旋轉，旋轉同時做捧放動作；轉動速度要疾速快猛，轉動與定式要穩。

【要求】

勁力要完整，旋轉中捧放，捧放中旋轉，左腳貼地不可過狠，也不可懸空，貼地過狠影響旋轉速度，懸空則不穩。每做10個為一組，做8組後，換式進行練習。

【作用】

能提高身體的穩度和應變能力，增強捧放旋打能力。

第五節 體能訓練

為了加強體質，以適應長時間的對抗技擊的需要，必須在體能上進行強化訓練。體能訓練包括無氧訓練和重物訓練等，現介紹如下：

一、無氧訓練

（一）跑步

一開始慢跑，逐步加速跑到不能堅持為止。

（二）蛙跳

蛙跳由慢到快，直至不能堅持為止。

（三）爬山

以最快的速度爬上一定高度的山坡，直至身體不能堅持為止。

（四）跳臺階

快速跳高層臺階。

（五）短跑

短距離快跑。

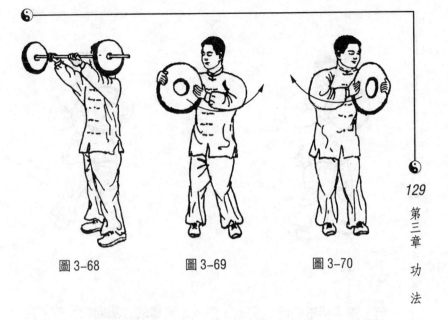

圖 3-68　　　　圖 3-69　　　　圖 3-70

二、重物訓練

（一）平推重物

以中樁體位站立，雙手持重物於胸前，向前推舉，然後收回反覆練習至兩臂不能堅持為止（圖 3-68）。

（二）持物搖擺

以中樁體位站立，雙手持重物於胸前，上體轉動，隨轉體，兩手持重物向左右搖擺，反覆練習至不能堅持為止（圖 3-69、70）。

（三）持物旋轉

以中樁體位站立，雙手持重物於胸前，旋轉身體，隨轉

圖 3-71

圖 3-72

太極推手秘傳

體，兩手持重物隨之擺動，然後用同樣的方法向相反的方向持物旋轉，如此反覆練習至不能堅持為止（圖 3-71、72）。

第四章 技 法

第一節 手 法

一、穿 手

由五行樁勢開始（圖4-1），兩腳蹬地催力，上體稍左轉，同時右掌向前上插穿，臂微屈，掌指斜向前上，掌心向左，掌高與肩平；目視右掌（圖4-2）。穿左掌與穿右掌方法相同，惟左右相反。

【要求】

手臂放鬆，插

圖4-1

圖4-2

圖 4-3

圖 4-4

穿動作要輕緩，插穿時沉肩墜肘。呼吸自然，意貫掌指。

【說明】

穿手主要用於手臂從對方腋下穿進去，控制對方。

二、掤　手

由五行樁勢開始（圖 4-3），右臂成弧形，前臂向下、向右前上掤架，橫於體前，掌心向內，高與肩平，著力點在前臂外側，同時左掌隨之做向右前上托掌動作，左掌托於前肋前，掌心向左上方，著力點在左掌；目視左臂方（圖 4-4）。左掤手方法與右掤手相同，惟左右相反。

【要求】

兩腿蹬地催力，上掤時兩臂微微後引再向上掤托，掤托需輕緩。

圖 4-5

圖 4-6

【說明】

用於架托抬舉對方。

三、捋　手

由五行樁勢開始（圖 4-5），身體左轉，同時兩手隨腰的轉動，由前向左右畫弧捋帶，右掌掌心向左，指尖斜向前；左掌掌心向上，掌指向右前方；目隨手視（圖 4-6）。右捋手與左捋手方法相同，惟方向相反。

【要求】

轉體捋手要一致，捋手動作要輕靈、柔緩。

【說明】

用手掌、手背借力引帶或拉拽對方。

太極推手秘傳

圖4-7   圖4-8

四、擠　手

　　由五行樁勢開始（圖4-7），右手稍內旋屈臂，左手貼近右手的前臂內側，兩臂同時向前擠出，擠出後兩臂撐圓，高不過肩，低不過胸，著力點在後手掌指和前手的前臂（圖4-8）。左擠手方法與右擠手相同，惟左右相反。

　　【要求】
　　前臂掤，圓橫置於胸前，另一手扶其腕部合力前擠。
　　【說明】
　　用手掌、手背或前臂外側發力向外逼擠對方。

五、按　手

　　按手分為下按和前按兩種。
　　下按法：由五行樁勢開始（圖4-9），兩手上提於肩

圖 4-9　　　　　圖 4-10　　　　　圖 4-11

前，同時向下稍前壓按，掌尖向
前，掌心均向下，掌按於胯旁；
目視前方（圖4-10）。

　　前按法：由五行椿勢開始
（圖4-11），兩手稍向下，同
時向上、向前下推按掌，掌指向
上，掌心均向前下；目視兩掌
（圖4-12）。

　　【要求】

　　後腳蹬地催勁，身與手的勁
力合一。按掌兩臂稍屈，不可過
直。

圖 4-12

　　【說明】

　　按一般用於破擠手，可用於按逼對方，使對方不能動或
下壓對方下坐倒地。

六、採　手

由五行樁勢形式開始（圖4-13），兩手稍向右前方伸出，接著兩掌抓握成拳，隨左轉體向左後弧形拉帶，右拳於胸前，拳面向上，拳心向裡，左拳屈肘抱於腰側，拳心向上；目視前方（圖4-14）。右採手方法與左採手相同，惟左右相反。

圖4-13

【要求】

身體向下沉墜，將沉勁透到手上，轉體、拉帶一致。

【說明】

用手採抓住對方腕臂或其他部位，用力向身後拉帶，使對方向前衝出。

七、捌　手

由五行樁開始（圖4-15），身體左轉，左手收於左腰側，右掌向左

圖4-14

橫向捌勁，掌於面前，掌指斜向上，掌心向左；目視右手（圖4-16）。右捌法與左捌法相同，惟左右相反。

【要求】

兩腳蹬地催勁，轉體橫捌手要一致，橫捌手時，手應由

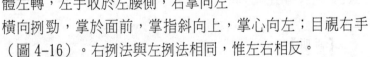

圖 4-15 　　　　　　　　　　圖 4-16

一側向前再向另一側弧形運動，要有外撐之勁。

【說明】

用橫向勁向外捌對方，將對方甩出。

第二節　操　手

一、揉　法

（一）蛇形手

兩腳平行分開站立，腳間距離 50 公分，下蹲至中勢樁體位，腳跟抬起，兩手平行端在腹前掌心向上，小手指相對，手不要貼腹，距身體約一掌半，右手向裡轉腕，掌指經

胯上側向右後方延伸，再向外轉腕畫向右前上方經頭頂右側畫一圓周，下行至腹前原位，即手心始終朝上在身體右側自下而上畫一「8」字形（圖4-17）。復歸原位後即刻運動左手，向裡轉腕經左胯上側向左後方延伸，再向外轉腕向左前上方經頭頂左側畫一圓周，下行至腹前原位。即手心始終朝上在身體左側自下而上畫一「8」字形，復歸原位後右手繼如上法運作，兩手交替反覆進行。

圖4-17

【要求】

（1）全身放鬆，呼吸自然。

（2）動作時以腰為軸，腰催肩、肩催肘、肘催手、手心始終向上。

（3）動作連續，緩慢均勻，一氣呵成。

【說明】

此功法為進手手法之一，在推手中起到進手控制對方，節節貫穿，節節放鬆的作用。

（二）前後揉

1.兩腳如同五行椿的站椿，身體各部要求與中勢椿相同。只是兩手前伸，手與肩平，掌心朝下，肘臂屈伸，手做前後揉動，腳掌搓地，如同在水中揉動一根大圓木，揉出去又摟回來，反覆進行，體會肩、手、肘、胯、膝、足的鬆活

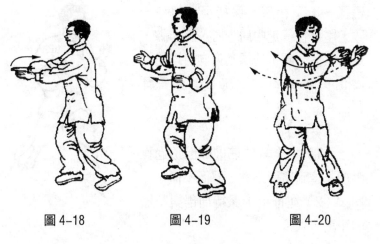

圖 4-18　　　　　圖 4-19　　　　　圖 4-20

（圖 4-18）。左式與右式交替進行練習。

2.腳位依前式與中勢樁的體位相同，兩手揉動的方向也可隨意，只是意念中有一球體在手中，細心體會肩、手、肘、胯、膝、足的鬆活（圖 4-19）。左式與右式交替進行。

（三）左右揉

體位依中勢樁，兩腳跟微抬，以兩腳掌為軸，整體左右轉動，腳掌擰地，但不離位。兩手前伸，手與乳平，兩掌掌心相對，兩手來回揉動，如球在手，上下、左右、前後揉動，身體轉動幅度愈大愈好（圖 4-20）。左右式交替練習。

（四）活步揉

以高勢樁的步法向前走動，兩手如上式抱球揉動。邊走

邊揉，上下相隨，保持全身勻整一致，體會在行走中肩、肘、胯、膝、足的鬆活，兩手的揉動方向可以隨意變化（圖 4-21）。左右式交替練習。

圖 4-21

【要求】

（1）把全身的筋肉關節透過操手功夫達到鬆而不軟，堅而不僵。

（2）在推手中保持局部與整體的和諧一致。

【說明】

此功法揉得越多功夫越好，反應越敏捷，要堅持練習。

二、搖　法

（一）定步左右搖

體位用中勢樁，兩腳跟微抬，以兩腳掌為軸，整體左右轉動，腳掌撐地，但不離位。兩手前伸，手與肩平，掌心相對如抱球狀，同時隨轉體向左右搖擺，如缸抱在懷中，左右搖動，身體轉動幅度愈大愈好（圖 4-22）。

【要求】

（1）鬆搖與緊搖，慢搖與快搖都要修練。

（2）搖時以兩腳間距中心與人體中線垂直為軸，左右搖轉時不可偏離中線。

【說明】

圖 4-22

圖 4-23

搖法是在推手中解決迅速化掉對方突然來力或打倒對方，為太極打手必備之功夫。

（二）活步搖

以高勢椿的步法向前走動，兩手前伸，手與肩平，掌心相對如抱球狀，同時隨轉體向左右搖擺，如缸抱在懷中，左右搖動。邊走邊搖，上下相隨，保持全身勻整一致，體會在行走中肩、手、肘、胯、膝、足的鬆活，兩手的揉動方向可以隨意變化（圖 4-23）。

【要求】

（1）把全身的筋肉關節透過操功達到鬆而不軟，堅而不僵。

（2）在推手中保持局部與整體的和諧一致。

【說明】

此功法揉得越多功夫越好，反應越敏捷，要堅持練習。

第三節 步 法

一、上 步

先站好五行椿位（圖 4-24），前腳向前上半步，身體重心稍向前移，仍成五行椿式（圖 4-25）。

二、進 步

先站好五行椿位（圖 4-26），前腳向前上半步，身體重心稍向前移（圖 4-27），後腳向前跟進半步，仍成五行椿式（圖 4-28）。

圖 4-24　　　　　圖 4-25　　　　　圖 4-26

三、右旋步

　　腳位身形如同五行中勢樁，全身放鬆，呼吸自然，右腳在前，腳跟抬起，以右腳前掌為軸，左腳向後猛一蹬地由前向右旋轉 180°或 270°或 360°。左腳蹬地的同時右手向下按而捋，左手向左用勁，身體同時也隨之旋轉 180°或 270°或 360°。身體轉過來時，手恢復原狀，依舊保持中勢樁的樁勢。繼而照法再做練習（圖 4-29）。

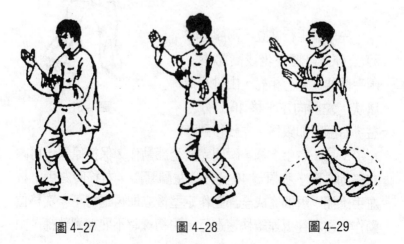

圖 4-27　　　　　　　圖 4-28　　　　　　　圖 4-29

四、左旋步

　　腳位身形如同五行中勢樁，全身放鬆，呼吸自然，左腳在前，腳跟抬起，以左腳前掌為軸，右腳向右猛一蹬地由前向左旋轉 180° 或 270° 或 360°。右腳蹬地的同時左手向下按而捋，右手向右用勁，身體同時也隨之旋轉 180° 或 270° 或 360°。身體轉過來時，手恢復原狀，依舊保持中勢樁的樁勢。繼而照法再做練習（圖 4-30）。

圖 4-30

五、左右平移步

　　先兩腳平行站立，兩腳距離50 公分，身體下坐成高勢樁，兩手前伸，掌心相對，由肘若抱球狀，左腳向左平移 40 公分左右，右腳隨即跟移。左腳移動時

圖 4-31

左手下按，右手上掤，瞬間完成全部動作，保持原勢，再向右移動右腳，步幅為 40 公分，左腳緊跟，右移時右手下按左手上掤，瞬間完成全部動作定型後立即再進行下一次移位動作，左右往返連續快速進行。由初練時不熟練到熟練，由

圖 4-32

慢到快，逐步做到快速連貫，越快越好（圖 4-31）。

六、躍步上沖

　　先站好五行樁位，然後下蹲，兩腳踏地猛然向前躍進，兩手前沖的同時，兩肘上提向前上方翹起，肘彎高於手掌，步子躍進得越大越好。落地時依然得保持中勢樁的姿勢。如此連續向前躍進沖出（圖 4-32）。左右式交替進行。

　　【要求】

　　（1）身體保持中正，不能忽高忽低。動作連貫不能停頓。

　　（2）全身放鬆，呼吸自然。

　　（3）向前進步時不可傾斜過大。

【說明】

此功法解決在打鬥中步法靈活多變，手到腳到。

第四節　根　法

一、絜己根

從古至今，武林中各門各派，都有站樁絜馬步定間架的練功方法，旨在於周身根基穩固。站樁絜根成了修練功夫的根本大法。

因此有「欲求功夫，必先求絜己根」之說，所以絜己根是一切功夫之源，沒有根就沒有功夫，沒有功夫則不能技擊。無根猶如飄萍，隨波逐流，經不住衝擊。

正如《意拳正軌》所說：「欲求技擊，須以站樁換勁為根始。所謂使弱者轉為強，拙者化為靈也。」根如此重要，應如何絜己根呢？

太極推手一般地採取站靜力樁的的方法絜己根。本書傳授的靜力樁有 13 種，即：無極樁、太極樁、扶虎樁、推山樁、托塔樁、四象樁、貫頂樁、托抱樁、托天樁、三體樁、兩儀樁、七星樁、五行樁。

靜力樁要求立樁時上虛下實，也就是上鬆下緊和放鬆兩個方向。其要領是：意守中和，不偏不倚，神清意靜，內氣周流全身，暢通無阻。體內之氣與宇宙之氣相通；呼吸自然，與天地之氣相合。天地為一大太極，人身為一小太極；

人身之太極與天地之太極相融合。人體之氣與天地之氣連成一氣，成為自然之氣。這種內外自然之氣融會貫通，而使周身後天僵拙之力變換為先天自然之力，這是站樁紮己根的機理之所在。

修練站樁紮己根功夫要持之以恆。站樁愈久，肢體愈鬆，功夫愈大。初練站樁，紮己根功夫時，要嚴格按照功法要求，遵規守矩，務求姿勢準確到位，細心體會身體各部位的感覺變化，體會氣血運行道路及其周圍環境的反應。反覆體會氣能否入地，能否將宇宙之氣通過身體進入大地，入地有多深。如果氣不能入地，力就不能入地，力不能入地，就紮不住根。氣入地力才能入地。力入地越深，根才能紮地越深，才能與天地自然相合，如此經過一段時間的練功，氣入地了，力入地了，根也紮住了。此時還要去己根，才能躍上高層次功夫的臺階。

二、去己根

去己根是在站樁打好根基的基礎上進行修練的。有根才能去根，無根何以去根。紮根與去根是兩個層次上的連續修練過程，去根不可超越紮根階段直接去練去己根的功夫。這樣是練不成太極推手功夫的。

去己根不是不要己根，而是在紮己根的基礎上，即在腳步穩牢的基礎上，盡量使自己的步子更加靈活。改變因站樁（紮己根），而根穩固造成步不靈活的缺陷。這是因紮己根是在靜中求根，是為靜中根，靜中根在千變萬化的推手運動中是滿足不了需要的，所以必須去己根。

一般的人經過修練站靜力樁，有了根就不願去己根，豈不知靜中根不去，動中根就無法練成。怎樣才能去己根，練出動中根呢？一般按以下方法、步驟去練：

1.要先由大勢樁（即低勢樁）變爲小勢樁（即高勢樁）

當小勢樁練到腳步穩固，周身一體，推拉不動時，可進行行步樁（即行步）練習。

2.練習行步樁

行步樁就是在不改變五行樁姿勢的前提下，兩腳慢慢地行走，即所說的行步。在行走中，樁勢不變，旨在練習，動中不變形，還要細心體會是否失根。如有失根，就應再放慢腳步，步幅不要過大。應由慢到快，由小步幅到大步幅，反覆練習，不可急於求成。若在練習中能感到步步鬆活沉穩、步步紮實牢固。直至邁步輕靈、步法乾淨俐落，動如脫兔，靜如山岳則告初成。

3.練習疾步樁

疾步樁就是在不改變五行樁姿勢的前提下兩腳不停地快速交替蹬地起落，即所說的疾步。在疾速的動作中樁勢不變，旨在練習，動中不變形，不停地調節身體平衡，使鬆緊得以調節轉換，使身體在動中有根，激發精神。練習時有節奏地進行，步子起落越來越快。

初始至終做到無根中有根。步子極穩極靈極快。做到動如離弦之箭，靜如穩立顛簸之車。

4.練習變化步子

行步樁、疾步樁雖然練就了步子的靈穩，但是還不能完全滿足推手的需要。往往沒有練過變步功夫的，在步子變化中只有速度的變化，而缺少一定的根基，一旦腳步受阻或遇

到障礙物就不能變化白如。究其原因，還是步子變化單一所造成的，這時步子雖然靈活，但缺少一定的變化及應變能力。變步練習其目的就是徹底乾淨地去掉己根，提高步子變化的應變能力。變步練習就是一種在不變椿形的前提下，步子無規則的進行各種快速變化的練習方法，或上步或退步，或外跨步或裡收步，或側行步或繞行步，總之步子要意變步變，變化多端，要在靈活地行走輾轉反側之中不失其根基。做到起步乾淨、落地生根，起如風、落如岳。直至練到步子極輕靈又極穩固，變化自如隨心所欲，方為大功告成。

第五節　傾斜力

　　傾斜力在推手中是以自己身體的傾斜來掤住對方。自己雖不用力或用小力，對方卻要用很大的力量才能接住我力。因為我之傾斜黏著於對方身上，使對方鬆不下來，而始終在我的控制之中，或化或發任我變化。

　　推手中的最佳狀態是放鬆狀態。是不著力狀態，也是傾斜狀態。傾斜又有兩種情況：一種是傾斜過了，重心偏離過多，身體失去控制易於倒地，這種傾斜不可取。另一種傾斜是自我控制的傾斜，身體保持相當的傾斜，但意念中不失中和，是在失衡中求平衡，在不穩固中求穩固，傾斜中求中正，是為真中正。

　　傾斜力是自身體重加力量的總和，也是人體中最大的力量，在推手技擊中能發揮最大的效能。一般地在中正狀態下發力只能發出人自身力量的百分之七十至八十。還有百分之

二十至三十的力量發放不出來。因此，這一部分力量是不受意識支配的先天平衡力量。譬如，一個人被東西絆了一下，而沒絆倒，就是由於這種平衡力起的作用。如果被絆時，意念中想著如何伸腿邁步維持平衡，顯然是來不及伸腿邁步已經跌倒。傾斜力就是提煉出這種先天的力量運用於推手技擊中，所以，發出的力量要大幾倍。然而，必須有相當的鬆沉功夫方能運用自如。傾斜力中的變招換勢，取決於節節能否鬆活。由節節鬆活，勁力變化，身體的折疊，高低的調整，而形成吞吐悠蕩旋轉不定的傾斜力。修練者須練成傾斜力，方可達到上乘功夫的境界。

一、傾斜力的訓練

（一）單人訓練

在沒有推手對象的情況下，自己單獨也可以進行傾斜力的訓練。訓練時須在一個比較寬敞的地方，地面平坦沒有障礙物。訓練前先站放鬆樁，思想放鬆，肢體放鬆，能夠入靜之後，再放開意念，身體逐漸傾斜，能傾斜多大角度就傾斜多大角度，以不倒為限。當身體要倒未倒時向前跟步，維持身體平衡；平衡後再向前傾斜……如此反覆傾斜平衡，再傾斜再平衡，這樣不斷地傾斜中求中正，失控中求穩固。

修練時可閉上眼睛，這樣可使身體高度放鬆，提高鍛鍊效果。如此經過一段時間的修練，傾斜力就會大大增進（圖4-33）。然後進行雙人訓練。

圖 4-33

圖 4-34

（二）雙人訓練

　　雙人訓練就是在推手中有助手的情況下訓練傾斜力，既是訓練又是運用。在推手中運用傾斜力，除了自身要放鬆外，首先要與對方保持一定的距離。

　　距離的遠近非常重要，距離近了，無法傾斜，距離遠了，失重太大容易失重傾倒。要不遠不近，既可保持一定的傾斜角度，又不至於失重跌倒。距離遠近的調節，在於步法靈活的多變。要不斷地調整腳步，使之與對方保持適當的距離。譬如與對方搭手時距離太近，向前傾斜就要推動對方，比較費力且不易做到。自己即可向後移動腳步。如果距離遠了，即須向前移動腳步，使自身既有傾斜，又不失重心。這就要距離適當，傾斜力的運用才能得心應手。在傾斜力的運用中還要折疊吞吐和變化（圖 4-34）。

二、傾斜中的吞吐變化

傾斜力在推手中變化多樣，傾斜力的大小，可根據對方力量的大小而定。如對方力量小，則被我的傾斜力所壓垮。如對方的力量大，則我往後折疊傾斜吞吐進來力，並利用自身的旋轉悠蕩改變對方力的方向，然後迅速向前調整腳步，跟進吐發，對方必然失重跌撲。

運用傾斜力時或前後折疊，或左旋右轉，時吞時吐，悠悠蕩蕩，勁路變化不定，使對方摸不準我的勁路，而對方的一舉一動都在我的掌握之中，自身猶如繩繫重物在空中悠蕩，忽正忽斜，忽前忽後，忽隱忽現，斜中有正，正中有斜。有時全身傾斜，有時上身傾斜而下身中正。但不論怎樣傾斜，只是形體上的傾斜，重心不能傾斜，重心一斜則失去控制，容易為人所乘。傾斜力是險中求勝的要招，必須有相當的鬆沉功夫能運用自如。

三、傾斜力中的鬆

欲練傾斜力必須在大鬆大柔中求得。人身分三大節，每一大節又分三小節，必須做到節節鬆活。鬆不是無力，鬆要有勁，鬆沉穩活，方能運用自如。在修練傾斜力時要加強鬆沉功夫的修練。在傾斜力的運用中，能否做到節節放鬆，是關鍵的一環。如果身體僵硬，非但不能傾斜，而且常常會重心偏離，一斜就倒。如同兩個木棍相倚斜撐，抽去一支木棍，另一支就會爬跌。如果我身鬆柔沉穩，則對方不論向前

或者向後，我都能沾附於對方身上，再利用自身的旋轉悠盪，改變對方力的方向，晃動對方的根基，使對方失去重心，則任由我吞吐發放。

傾斜力的功夫細膩多變，修練者須在推手中細心體會揣摩，不斷完善，達到運用自如。

四、傾斜力中的呼與吸

呼吸在傾斜力的運用中非常重要，初練時可以有意識地調整呼吸。向前傾斜時要呼氣，此時呼氣可增加傾斜的力度，調整平衡時要吸氣，吸氣有利於運用動作的變化以靈活。如此久練久熟，逐步地忘掉呼吸，做到呼吸自然。一傾一斜，一呼一吸，莫不意守中和遂順自然，不管身體如何傾斜，意念中保持中正無偏，鬆沉穩活，呼吸自然，神清意靜，是修練傾斜力關鍵。修練者要加強各種基本功的修練，方能最後練成傾斜力。否則收效甚微。

第六節　勁　法

一、摸　勁

摸勁在太極推手功夫中占有相當重要的位置。由摸勁而逐漸達到懂勁，然後掌握各種勁，才能在推手中運用各種勁。摸勁，是從站樁、行步、疾步的自我修練過程向實際應

用過渡必經的一個環節。不摸勁就不能練成功夫。通過先前站樁、行步、疾步的修練，自身各部位的肌體功能得到了改善，內在的功力得到增長，摸勁是把體內的勁引出體外，也是增長功力的主要手段。

太極拳的行拳走架要求鬆沉均慢，就是練習的這種摸勁功夫。俗話說：摸太極，就是說練拳像摸魚一樣鬆慢勻，一快魚就驚跑了，所以說行拳時不能快，就是在慢中摸到這種拳勁。如若快了這種拳勁就會滑過去。

然而，太極拳套路中姿勢的變換較多，由一式轉為另一式時，或因對於所摸的勁別不太了解，而容易使所摸的勁漠然滑過，影響了對於勁路的體會。而太極推手功夫中有採取單式子練習摸勁，由一種姿勢的反覆練習，反覆體會手上和身上的阻力感，這樣能夠較為清晰地摸到勁路，體會到手上和體外的阻力。所以，我們說它是一種比較好的摸勁方法。

古人練功，往往把摸勁作為看家功夫，不輕易外傳。所以，後人多學會了盤拳走架，而不知盤拳時的摸勁功能，故而許多人練了多年太極拳不出功夫，也在於這一點。

太極功夫中的一切勁，都要從摸勁中去修練。摸到勁了，才能懂勁，摸不到勁何以懂勁？太極推手功夫以摸勁到未摸到勁來判斷功夫成與不成。摸不到勁，就難成功夫。為此，太極推手功夫制定了一系列摸勁修練方法。

大體上可分為四正和四隅摸勁。其中又分為單人練習和雙人練習。練者應從單人練習四正四隅摸勁，待熟練掌握了各種勁路之後，再進行雙人實摸訓練。一步一步地完成摸勁過程的修練。現將其具體練法介紹如下：

圖 4-35

圖 4-36

（一）四正摸勁

1.前推後将法

採取太極五行高樁體勢，站好姿勢後，全身放鬆，排除雜念，寧神靜氣，呼吸自然，雙目微閉，然後抬起兩手，屈臂沉肘，右手心朝下，左手心朝上，右手在前，左手在後，兩手之間前後相差約 20 公分，兩手橫向距離與肩同寬（圖4-35）。慢慢向前擠進，體會空氣的阻力。向前擠時，前腿向下踩地，後腿向後蹬地，整體由後慢慢向前移動。身體應始終保持放鬆狀態（圖 4-36）。

只有鬆，才能體會到勁由腿逐漸傳到腰、肩、肘、手。後腿蹬多大的勁，前腿向下踩多大的勁。勁不可間斷，當身體移到前止點時，臂肘尚未伸直，手也沒到前止點。此時身體開始向後移，但手仍然向前推到前止點。身體後移時，前腿向前蹬勁，後腿向下踩勁，整體後移中，手推進到前止

圖4-37

圖4-38

點，臂肘幾乎伸直，然後隨身體向後做挒勁。這樣當身體後移時手仍繼續向前推擠，可以保持身體和手的運動不間斷，前後變換時勢斷勁不斷。

　　當整體由前向後移動至後止點時，改後腿向右蹬勁，前腿向下踩勁，身體向前返時，手繼續挒至原位（圖4-37）。再隨著身體的前移做向前擠勁。如此反覆不停地前後摸到擠和挒的勁。仔細體會手上的阻力感，由小到大的勁，勁也由小到大。相對身體放鬆的程度越大，手上和身體整體的阻力感也逐漸增大。不論是向前擠勁，還是向後挒勁，身體和手的前後移動切忌快，一定要慢，像摸魚一樣，慢慢地摸，感覺多大的阻力，就用多大的勁去迎合。左右式互換，反覆練習30分鐘，一天不斷連續修練三個月，就會有相當的功力。

　　2.旋轉橫推法

　　採取太極五行高樁體勢，站好姿勢後，全身放鬆，排除

圖 4-39   圖 4-40

雜念，寧神靜氣，呼吸自然，雙目微閉，然後抬起兩手前
伸，屈臂沉肘，右手在前，左手在後，兩手之間前後相差約
20 公分，兩手橫向距離與肩同寬。手心相對，手中如同抱
一籃球。右腳在前，左腳在後，前後相差 30 公分左右，左
右相距約同肩寬。兩膝相裹，兩肘相裹，其他部位放鬆。重
心在兩腿中間，兩腿蹬地由右向左旋轉身體，面呈左向（圖
4-38）。

　　然後左腿向左蹬勁，右腿向下蹬勁，身體由左向右慢慢
旋轉，同時右手往回收，左手向前伸，形成左手在前右手在
後姿勢，右轉 180°（圖 4-39）。

　　由身體的轉動帶動手的轉動，身體到達右止點時，手尚
未到達，待身體開始向左轉時，手才隨後到達右止點，然後
再隨著身體向左轉動，同時變左手在前為右手在前。仔細體
會空氣的阻力，阻力有多大就用多大的勁去迎合，阻力感由
小到大，勁也由小到大，逐漸增長（圖 4-40）。

太極推手秘傳

圖 4-41　　　　　　　圖 4-42　　　　　　　圖 4-43

　　轉動速度由慢到快，但快要感到阻力的存在，否則不宜快。如此左右式互換，反覆練習 30 分鐘，一天不斷連續修練三個月，勁力就會增長到相當的程度。

3.兩手托按法

　　採取太極五行高樁體勢，站好姿勢後，全身放鬆，排除雜念，寧神靜氣，呼吸自然，雙目微閉，然後抬起兩手，兩手臂低於肩，屈臂沉肘，右手在前，左手在後，兩手之間前後相差約 10 公分，兩手橫向距離與肩同寬，手心朝上，兩肘內扣。右腳在前，左腳在後，前後相差 30 公分，左中相距約同肩寬。兩腳跟抬起，兩膝微屈內扣，同時有外撐的勁。重心在兩腿中間（圖 4-41）。兩腳向下蹬勁，兩手由下向上摸勁，仔細體會空氣的阻力，手上升到與肩平時，略抬高身姿，如向上托著重物（圖 4-42）。然後身體下沉，兩手翻掌向下，從上向下做按勁。雙手下按到與臍平（圖 4-43）時，翻掌向上，再由下向上摸勁，如托重物，身體

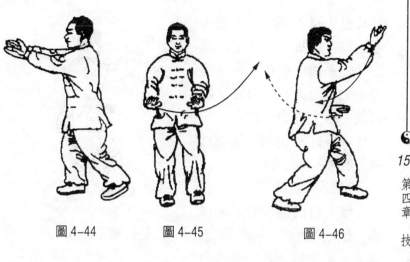

圖4-44　　　　圖4-45　　　　圖4-46

隨之抬起，上托下按時，全身保持放鬆，手臂上的阻力越大，身體鬆的程度越大（圖4-44）。如此反覆練習30分鐘，一天不斷連續修練三個月。

（二）四隅摸勁

1.按斜上推法

　　兩腳平衡站立，兩腳距離與肩同寬，全身放鬆，排除雜念，寧神靜氣，呼吸自然，雙目微閉，身體下蹲如中勢椿的體位，坐胯扣膝，兩手在胯旁邊，手心朝下，兩腳跟微抬（圖4-45）。右手由右胯旁向左前上方徐徐推進，推進時手上應有向下按的勁，右手前伸時，兩腳蹬地，身體由右向左旋轉90°（圖3-46）。身動在前，手動在後，以身帶手，身體轉到左極點時回轉向右，右手隨之由左前上方往回按勁抽回；左手由左胯旁向右前上方徐徐推進，手向上推進時應有向下按的勁。當右手回到原位時，左手也推進到右前上方

的終點（圖 4-47）。身體再
返回向左誘導，右手隨之推
出，左手隨之回收。重在體
會手上的阻力感，有多大阻
力就用多大的力去迎合。如
此反覆練習 30 分鐘，連續修
練三個月，功乃告成。

圖 4-47

2.雙人推托法

　　雙人摸勁練習時形如推
手，實為摸勁。雙方都不可求
勝，一想求勝就會影響摸勁
的體認感覺，應抱著相互配
合練習的態度合作。

　　雙方都以中勢樁的體位站
立。距離適當，兩腳分開與
肩同寬，各出右腳，左腳在
後，前後相差 30 公分，雙方
把右手放在對方左胸部，左
手托住對方的右肘（圖 4-
48）。我向前上方摸勁，對方
掤住我的勁。我向前推時，

圖 4-48

後腳向後蹬地，前腳向下踩地；對方腳步不動，左手向上托
勁，上身微微向後仰，小腹向前保持平衡，待我臂直力盡
（圖 4-49）。對方調整身體重心向前移動，右手向前上方
推進，同時後腳向後蹬勁，前腳向下踩勁，向前移動重心，
我左手向上托勁，身體微微向後仰，小腹向前保持平衡，腳步

太極推手秘傳

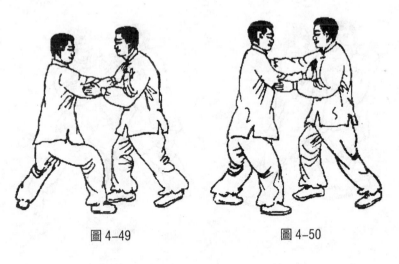

圖 4-49　　　　　　　　圖 4-50

不可移動（圖4-50）。

　　雙方推動時配合呼吸。前推時呼氣，後仰時吸氣。全身放鬆，雙方都要慢，切不可求快，仔細體會手上的阻力大小，由小到大，越摸勁越大，久練久熟，反覆練習，反覆體會感受。要保持心情愉快，把練功當作愉快的事情去做，這樣有助於體會勁路大小快慢。

　　3.雙人捋推法

　　雙方都站成高勢椿的體位，全身放鬆，寧神靜氣，注意體會全身各部位的鬆活及勁路的變化。先以我為主摸勁，再以對方為主，兩人互換練習。

　　首先，我的雙手放在對方的胳膊上（圖4-51）。對方

圖 4-51

圖 4-52　　　　　　　　　　圖 4-53

掤住勁，用手托住的胳膊，隨著我的動作來回推轉。我主動先慢慢略向前擠勁，當對方出勁掤時，我即右手向後方将勁，左手向右前方擠動（圖4-52）。

　　擠到不能再向右時，變左手為向後将勁，右手向左前方擠勁，擠到不能再向左時，再變右手向後将勁，左手也如前向右前方擠勁（圖4-53）。

　　如此左右反覆地摸勁，體會自身各部的用勁與鬆活情況，體會腳蹬地，腰部左右轉動帶動肩，肩催肘，肘催手的運勁感覺，視對方勁的大小，以相應的勁去摸。久練久熟，功力一天一天增長。

　　4.雙人轉化法

　　雙方都站成高勢樁的體位，全身放鬆，寧神靜氣，注意體會全身各部位的鬆活及勁路的變化。摸勁練習時，對手的雙手放在我的胳膊上，我兩手環抱於胸前，略微向前上方掤的勁（圖4-54）。

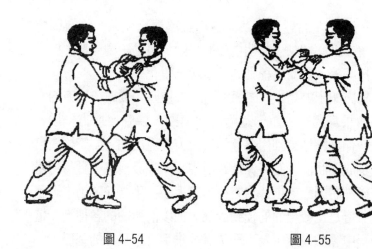

圖 4-54　　　　　圖 4-55

　　對方慢慢地推擠我，我手不動，由腳蹬地，腰部轉動帶動肩部轉動，臂肘即隨之左右來回轉動，化去對方的擠勁（圖 4-55、56）。如此反覆練習 30 分鐘，細心體會腿蹬勁，腰部旋轉帶動肩臂轉動時的感覺。兩人可互換姿勢練習，同練同體會。

圖 4-56

5.雙人亂推法

　　這是一種複雜型的摸勁訓練。形似推手，實為練功。摸勁時好像模擬推手一樣。雙方以高勢樁的體位相向站立，互相搭手，搭手方式不固定。雙方都保持鬆沉柔緩，動作不要太快，重在互相摸勁。不論對方出什麼勁，或前或後，或上或下，或左或右，沒有固定的勁路，隨著對方勁路的變化而

變化。前後左右鬆沉悠蕩，各種勁路混合使用，沒有固定式，主要細心聽勁，並明白什麼是勁，長勁短勁，掤、捋、擠、按等等，體會各種勁的輕重緩急變化。

　　對方如出的勁大了，將使自己失重時，要改變對方的勁路，如果身體不失重，就耐心地摸勁，聽勁。雙方一遞一進，一伸一縮地來回用各種勁使對方失重出偏。同時檢查自己全身放鬆狀況，始終保持鬆活中正，呼吸自然，腳步可隨時前後左右調節。根據對方來力的大小，不斷在運動中調整腳位。這是比較全面的摸勁訓練，把以前所練的各種勁在這一過程中體驗摸索，為下一步實練推手打下良好的基礎。

二、悠蕩勁

　　悠蕩勁，猶如用繩子繫一重物在空中來回搖擺晃動，力量很大且沒有固定的方向。沒有方向也包含著多種方向，上下左右前後，內外斜正等各方面無處不在。悠蕩勁是由各種勁凝聚而合成的，因而它具有多方向性和多變化性。它是樁功的綜合體現，在揉化和吸化階段就已體現出悠蕩勁的妙處，修練者應加強各種基本功的訓練，特別要在揉化和吸化階段細心體會悠蕩勁的作用，做到會、好，達到精、絕、化的程度。

　　在推手技擊中，如果勁路單一，則很容易被對方聽準我的勁路而受制於人。有了悠蕩勁，就能使對方捉摸不定，上下左右處處皆有而又處處皆無，閃爍為不定抓不著首尾，當然就無從發打我。而我則如空中懸鐵球，悠來蕩去，一伸一縮，時鬆時緊，時長時短，也虛也實，陰陽剛柔出入有勁，

遇虛則回，遇實則擊，對方欲縮手後退，我即隨而蕩回擊彼之實，無有不中。

悠蕩勁既不用氣也不用勁，是太極推手功夫的上乘階段的功夫。運用時氣要沉，腰要鬆，節節貫穿，節節舒展，動靜虛實，呼吸開合，剛柔緩急，周身鼓蕩，氣在身上鼓，勁在體內蕩，如行雲流水，兔起鶴落，載沉載浮，忽隱忽現，大氣鼓蕩風雲莫測。鼓動對方如踩浪花，左搖右晃，形如海船遇風，出入波濤之中，眩暈無主，不出方圓，難以捉摸，隨時隨機發打對方。

運用悠蕩勁時要求中正圓活。中，即是心氣中和，神清氣沉，根在腳掌，重心在腰，精神內含，神氣鼓蕩；正，即間架端正，並非指形體無偏斜，而是身體重心無偏斜，有時身體雖斜是故意造成的，斜中有正，正中有斜，上鬆下實，左虛右實，右虛左實，虛實無定，忽隱忽現；俯仰伸縮必須保持重心無偏斜，重心正，則開合吞吐靈活自如；重心失，則開合失，靈活失，一切皆失。圓，即是周身務求圓滿無缺，上下貫穿，完整一氣，無凸凹頂牛之病。

推手中各種勁的使用，非圓不活，處處圓活無滯運之意，活，即是鬆活、靈活、圓活。無論是進退俯仰伸縮開合，動轉變化，都要圓轉靈活，閃展騰挪要迅速敏捷，沒有一點兒僵滯之氣，就像瀟灑波浪，隨勢起伏，滔滔不絕。

三、圓　勁

圓勁又稱太極圓勁，它不僅是有志於太極功夫者，而且歷來為武林中人所共同追求，但練者多如牛毛，得其真諦者

稀若麟角。若練得太極圓勁，便得其拳術大道，其力也整，神明變化，氣象萬千，可謂功夫深也。

圓勁是在勁的基礎上進一步修練而成的，在推手實作中是多方向的，或者說是無方向的；無方向包括所有的方向。太極功夫的目的，就是要修練成這種無所不在的太極圓勁，才能圓轉如神，沾住何處何處擊。然而，欲修練太極圓勁必須從提煉先天之勁（即元勁）開始，如無勁作基礎，修練圓勁則只能是句空話，而要提煉先天之勁，必須去掉身上的拙力，拙力不去，元勁提煉不出來，太極的功夫就無法深入，只能在門外徘徊，更不要說修練成太極圓勁了。

怎樣去掉身上的拙力呢？首先要練放鬆功，透過放鬆功的換勁將人體後天之拙力換成先天之勁，如果不換勁，直接去練推手技擊和招勢的變化，則只能是無根之本，無源之水。越練距離太極功夫越遠，即使天天練習也與功夫無緣。待放鬆功將身上拙力去淨後，這時身上彷彿一兩氣力都沒有，手上無縛雞之力；接著修練太極五行樁，由低勢、中勢到高勢進行修練，隨著練功時間的持續，勁一天一天地長進。待五行樁站到一定的時間後，體內的勁就會增長到相當的程度。

從放鬆功到五行樁的修練過程就是換勁過程。也是初練者必修的內容。完成了換勁階段的修練，方可把勁修練成太極圓勁。太極圓勁的修練是與八法的運作密不可分的。太極八法即掤、捋、擠、按、採、挒、肘、靠八種勁別。八法應是八種勁別的運作，而不是八種力的方向，或八種招式的變化。八法中各種勁別都應具備一而寓八，八而合一的發勁功能，才能算太極圓勁的達成。

太極圓勁在修練中應一步一步遞進增長，不可求成心切，一蹴而幾，欲速則不達。先應求一寓二，二合而為一；進而求一寓三，三合而為一；再繼之求一寓四，四合而為……逐步遞進，最後達到合八而為一的太極圓勁。

太極圓勁無疑是太極拳術中非常寶貴的精髓，是前人經驗的結晶。熟練掌握太極圓勁，八法則明，八法明對太極推手水準的提高無疑有決定性的作用。然而有些人對太極八法動作練得純熟精巧，隨曲就伸，沾連黏隨的功夫也很地道，可是在推手中卻不會發勁，或發不好勁，實作中難以達到太極拳上乘功夫。而精益求精，更難乎其難。究其原因有以下兩點：

一是運用時缺乏「圓勁」的八法。實作時發出的是力，而不是具備太極「圓勁」的八法。「圓勁」與力不同。「力」是由肌肉負荷運動鍛鍊而成的，在運動中呈單一方向缺少變化，遇到外力的衝擊時僵硬沒有韌性。而「圓勁」是在人體內自然存在的先天之勁（即元勁）的基礎上，由太極八法凝煉合成的勁，是多向或無向的，圓轉靈活，富有彈性。沒有「圓勁」的八法，無論動作多麼純熟精巧，也只是表面的招式，用於推手技擊無濟於事，是經不住外力的衝擊的，在推手技擊中顯得僵直脆硬，非頂即丟，轉動變化不靈，倘若發勁，也只是局部力量的爆發力，一發即盡，缺乏柔韌鬆沉的「圓勁」作後盾，一發再發難以為繼。

二是在推手技擊中，所運用的八法只是勢圓，而勁不圓‧八種勁別雖能連接變通，由於起始回轉的過程中呈單一的方向，容易被對方摸準勁路引而化之，或者隨而發之，造成己背彼順的態勢，要改變這種狀況，必須將八種勁別合而

為一，凝煉成太極圓勁。

怎樣將八種勁合而為一練成圓勁呢？其具體練法如下：

空氣阻力線

圖 4-57

（一）對空練習

對空練習就是在無對方的情況下獨自進行練習。先站好太極五行高樁體位。呼吸自然，全身放鬆，雙手向上平舉至胸乳相齊，手指向前，手心向下，兩手間距離約一拳頭，肘屈掌平，做按勢（圖4-57）。按時要慢，用心去感覺空氣的阻力。有了阻力感就用相應的按勁去迎合。勁力的大小隨著阻力的大小變化而增長，阻力強烈了，相應地勁也就大了，再試著用向前擠的勁，這兩種勁同寓於按勢中，而不是勁的合成應用，合成應用是按的同時具有前擠的意念。意念作用於手掌，並未做出前擠動態。雖然沒有前擠的動態，卻能感覺到前擠時肘尖上彷彿繫著一根彈簧向後拉。手欲前擠，簧往後拉，即產生前擠的阻力。阻力多大，就用多大的勁去迎合。

只有同時感到向下按和向前擠兩個方向的阻力，並需做到隨時隨地出手即能感到來自兩個方向的阻力；熟練到無須著意去想，手一動意念中就有了，或者意念稍一動。手上就有兩種阻力感覺，方成二合一。

一寓二、二合一做到隨心所欲後，再試著增加一種向後捋的勁，並可體會到三個方向的阻力，向下按有阻力，向前

擠有阻力，同時手上還有牽拉重物向身後捋帶的負荷感——手指前方彷彿繫著彈簧，手向後捋被彈簧拉住，須用力才能帶動，著意於手，卻不顯出形動來，只是感覺有阻力在，有多大的阻力就用相應的勁去迎合。

迎合時不僅手掌上有阻力感，全身各部位關節都有相互反向的爭力。諸如肘、肩、背、腰、腹、胯、膝、踝等處，都有前後、上下、左右的爭力，使身體欲前又後，欲後又前，左拉右伸，上拔下坐，全身上下一動無有不動，欲動又止，欲止又動，運用不可過快，大了快了，對各方面的阻力的感覺就會淡漠，影響意念對勁的體會。動作越細微體會得越明顯，在動猶不動、不動猶動中去體會。動則是意中欲動；不動則是全身相互的爭力。加上按時球體上浮力，使球體在水中原處，吩咐是意念中有向上放的意思，則又增加了向上的掤勁。

這上下前後的勁力和阻力都感覺到了，並逐步做到得心應手，繼之再體會左右的勁路。左進右阻，右進左阻，隨阻力的大小用相應的勁去迎合，意動而形不動。意念中欲衝破阻力，又被其阻力牽拉住不得衝破。久練久熟，阻力感越來越大，相應的勁力也越來越大，最後連同上掤下按，前擠後捋，左採右捋，各個方向都能感覺阻力和相應的勁力。阻力日劇，則勁力日增。積蓄到一定的程度，一旦衝破阻力並發出去，則至猛至剛，無堅不摧。

如此一法成，再繼而試練其他法式。八法依次進行練習。即或用之於肘靠式中的肘與肩、胸等處，由於全身無處不有相互的爭力存在，也具有上下、左右、前後的阻力和勁路，最後達到全身上下無處不具備這種四面八方的勁路，其

勢圓、勁也圓，推拉不動，形不破體，力不出尖，圓轉靈活，上下隨和，左右逢「圓」，方達成渾然一體，如球無端的太極圓勁。

（二）實作練習

實作練習是在有對象的推手中，將對空練習合成的太極圓勁用於實際操作。在運動中摸索各方面的勁路，用相當的勁去迎合對手所施於阻力，進而訓練整體協調配合的能力，並適時地發勁，控制對手，以求接近實際推手技擊的需要。

在具體實作中可以用二合一、三合一的勁，也可以運用八合一的勁，這要隨自己掌握功夫的程度而定，如果一開始就能掌握八合一的勁則更好；若不能完全掌握，還是由淺而深，由少而多地逐步遞增為好。操作中力求一搭手就能控制住對方。例如，我們按住對手手臂，同時又有向前擠的勁，對方則會感到被壓下去，同時又有被擠後退的感覺。如果只是單一的按勁，對方被壓而下沉，或可側身捋化我力，若我同時具有擠勁，則對方臂肘被擠而貼身，且有重心後仰的感覺，出於維持平衡的需要，不免要向後移步，企圖引而化之，在其腳步移動之際，即刻顯出虛實之象。我正可乘虛而進入，隨而發之。

若我在按勢中不僅有按勁、擠勁，且有捋勁，則對方在被按而下沉之際，不光有被擠後退，且有被捋而前俯之意，不論對方企圖後移引化我力，或前沖屈肘擊我，則重心一動，俱在我之掌握之中，若對方後移則隨而發之；若對方前沖屈肘擊我，則順捋而放之．使對方置於進退不得勢的狀態之中。此為三合一的圓勁應用．

如果我方以八合一的圓勁應敵，則對方不論向哪個方向用力，都在我的掌握之中。若對方按住我的臂肘，因我之全身各部具有相互的爭力，全身牢固，力量均整鬆沉，推拉不動。我的臂肘上既有向上的掤勁，又有向下的按擠勁，且有将、採、捌幾種勁，如果對方被我掤擠後縮，則隨而發之，對方如與我發生頂勁，則力已出尖，我則瞬間将發，或者又将又擠，晃動對方根基，順而發之；或採住對方手腕能上能下而發之等等。總之是隨機隨勢見機而作。

推手實作中情況變化無常，不論對方如何變化，高來高迎，低來低就，左顧右盼，我持太極圓勁以持之，不搭手則已，一旦搭手，便置對方於我的圓之中，進不得進，退不得退，如其一有進退之意，即被我摸準勁路；引之使來，不得不來，放之使去，收放擒縱莫不由我。

太極圓勁的達成，是逐級漸進的過程，須經過多層次的升級漸變，反覆修練，方可達到執掌靈活之妙的上乘功夫。修練者應夯實基礎，一個階段一個層次地升級，漸次進入太極功夫的高層境界。

第七節　對　操

一、對　推

此法採用兩人對練。兩人相對站立，中勢五行樁體位，中間距離適當。互相對推，迅速將對方推出去（圖 4-

58）。反覆練習，直到感覺疲累為止。如無訓練對象，一個人訓練時，可吊一沙袋用中勢樁體位，猛推沙袋，反覆練習，直至疲勞為止。

圖 4-58

【要求】

1.活動量由小到大，由輕到重，不可求速。

2.在訓練中力求放鬆，持之以恆。

【說明】

此功法是解決打鬥當中的耐力和強度問題，增強筋肉的承受力。

二、對 撲

（一）開立步對撲

雙方對面而立距離適當，各自平行站立（圖 4-59）。腳間距離 50 公分，下坐為中

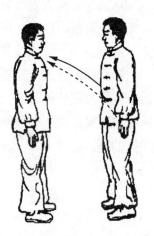

圖 4-59

勢樁體位，兩人互相用雙手撲對方的胸部（圖 4-60）。一撲即回，還原後再撲，撲時腳掌蹬地。使勁由腿傳導至腰、肩、臂、膀、肘、手以及發在對方身上的感覺。反覆練習，至疲累為止。

圖 4-60

圖 4-61

（二）五行樁步對撲

　　雙方對面而立距離適
當，各以右腳在前、左腳在
後五行樁（圖 4-61）。如
同中勢樁體位，兩人互相用
雙手撲對方咽喉部（圖 4-
62）。一撲即回，還原後再
撲，撲時腳掌蹬地。使勁由
腿傳導至腰、肩、臂、膀、
肘、手以及發在對方身上的

圖 4-62

感覺。反覆練習，至疲累為止。左式與右式相同，惟左右相
反。

第八節 打 椿

　　透過打椿前一段時間各種功法的修練，具有了相當的功力，但是，到運用時能否發出勁來，將對方打倒？這還是未知數。沒有經過打椿訓練的人，是很難做到出手就將對方打倒在地的，起碼不能百打百倒，此時的功力尚蘊集於體內發放不出來，要想發出勁或者發出大勁，就要進行打椿訓練。

　　打椿是在站椿、行步、疾步和摸勁的基礎上進一步練習發勁的必修項目，打椿就是打靶子，是以人作為椿靶來練習發勁的或者說實放。因為打椿時雙方不處於對抗狀態，精神上不是那麼緊張，全身比較放鬆，能激發起精神，調動人體的一切功能。還可以細心體會勁力由手掌發放出去的感覺，體會到鬆緊的轉換、動作的協調和發勁時的周身一體及勁力的貫穿。並體察勁的輕重緩急和勁力在作用點上的效應。由長期打椿，就能做到神、意、氣、勁力高度統一。到實戰時才能得心應手，隨心所欲。

　　再者，打椿時人體的筋肉關節所承受的壓力增大，對筋肉關節的耐受力也是個檢驗，同時也檢驗自身爆發力的強弱以及皮肉感覺的程度，也是一種實作的體驗。每一項對抗性技擊運動，大都有類似於打椿的訓練過程。譬如散打運動的摔袋和摔人訓練等，都是為了完成平時訓練到實戰之間的過渡。打椿在太極推手功夫中就是完成這種過渡的必經途徑。

　　打椿可分為打定椿和打活椿兩大步驟。打定椿中又分為無負荷打椿、有負荷打椿和進步發勁及無距離發勁幾種。打活椿中又分為手活階段和步活階段。這幾個階段要亦步亦趨

174
太極推手秘傳

地進行訓練，修練者應一步一步踏踏實實地進行練習。下面我們就談談打樁的具體方法：

一、無負荷定樁

無負荷定樁就是充當樁靶的人以馬步站立，不用力頂抗，只求立穩立牢為度。為使充當樁靶的人不至於摔傷，可在身後鋪上軟墊，或固上網罩。兩人可以互為樁靶，互換練習。樁靶站穩後，打樁者面對樁靶，兩腳前後分開站立，兩手抬起離對方胸前 20 公分，兩手間距 10 公分，兩手離自身 20 公分，形成平抱式。發勁前身體前後大幅度悠蕩幾下，意在全身鬆一鬆，同時增加意念力。然後後腿向後蹬勁，身體迅速向前，兩手快速擊打樁靶胸部，手一沾胸發出勁時，前腳迅速向前蹬勁，使身體即刻回到原位，還原姿勢，再準備下一次發勁，同時要檢查一下全身放鬆情況，體會是否做到了意到、氣到、勁到。並觀察一下發勁效果——樁靶是否倒地，倒出的情況如何。

因為樁靶未用勁，故打樁者不必發太大勁，以將樁靶打倒為限。此時主要是體會勁由手掌發出去，打在樁靶上的感覺，包括用勁的大小、快慢，勁的起源是否在於兩腳，而力是否由腳傳於手，意、氣、勁能否統一等。這樣反覆練習能達到手到人倒，百打百倒。

樁靶再改為弓步站立，打樁者如上法打之。此時樁靶站成弓步，具有前後支撐力，故打樁者所發的勁力要比先前大些，才能將樁靶打倒。如此練到百打百倒的程度，則可轉為有負荷定樁訓練。

二、有負荷定樁

有負荷定樁就是充當樁靶的人先以馬步站立，但用力頂抗打樁者發勁。打樁者仍用「無負荷定樁」打法將樁靶打倒，反覆練習，直至百打百倒，就可以讓樁靶改為弓步站立。樁靶站立成弓步，本身就有一定的支撐力，再

圖 4-63

加上用力頂抗，想要將樁靶打倒，就要發較大的勁方可奏效。如此能夠百打百倒，即可轉下一階段的練習。

三、進步發勁

樁靶以馬步站立，打樁者面對樁靶與其保持一定的距離，兩腳前後分開站立，兩手抬起離對方胸前 20 公分，兩手間距 10 公分，兩手離自身 20 公分，形成平抱式。距離樁靶胸部約 20 公分（圖 4-63）。發勁前身體前後大幅度悠蕩幾下，意在全身鬆一鬆，同時增加意念力，身體蕩到前時後腳略抬起，不要抬高；身體蕩到後時前腳略微抬起，發勁時前腳一沾地後腳即抬起，手掌迅疾發打在樁靶身上（圖 4-64）。這樣能把體內的力量完全地發放出來。

進步發勁的要點是在發勁的瞬間只准前腳沾地，後腳瞬間懸空，集中全身力量從手掌發出。如此反覆練習能達到手到人倒，百打百倒。樁靶再改為弓步站立，打樁者如上法打

圖 4-64　　　　　　　　圖 4-65

之。此時樁靶站成弓步，具有
前後支撐力，故打樁者所發的
勁力要比先前大些，才能將樁
靶打倒。如此練到百打百倒的
程度，則可轉為無距離發勁練
習。

圖 4-66

四、無距離發勁

　　樁靶以馬步站立，打樁者
以高樁勢，兩腳前後分開站立，發勁時兩手手指先放在樁靶
的胸部或肩上均可（圖 4-65）。

　　無論樁靶頂不頂勁，打樁者是利用自身各關節的鬆活和
關節間的互相撞擊發勁。發勁前先檢查自身全身是否放鬆，
愈鬆發的勁愈脆。發勁時後腳迅速蹬地，一蹬即起，勁由手
掌發出（圖 4-66）。體會能否做到意到、氣到、勁到。如

此反覆練習到手到人倒，百打百倒。

椿靶再改為弓步站立，打椿者如上法打之。此時椿靶站成弓步，具有前後支撐力，故打椿者所發的勁力要比先前大些，才能將椿靶打倒。如此練到百打百倒的程度，則可轉為打活椿練習。

五、打活椿

（一）手活階段

手活階段是椿靶立穩腳跟在打椿發勁之時用手任意撥打。此時打椿者想要打倒椿靶又增加了難度。若單發一種勁，就很難將椿靶打倒。須採用多種勁別方可奏效，包括長勁、短勁，前後左右上下發勁等，並尋找機會將椿靶打倒。反覆練習各種打法，待手活階段能夠得心應手百打百倒時，即可使椿靶手活腳活步也活起來。

（二）手活腳活階段

這時椿靶不僅是任意撥打發勁者的來力，而且縱橫轉側，任意引化、躲閃，這樣難度就會更大一些，不僅要採取長勁短勁及其前後左右上下各種勁別，還要有步法的配合，並且要將幾種勁合起來運用，方能奏效。

這時的訓練，已接近於實戰技擊狀態。只是椿靶處於防守性的任意躲、化、撥、打，避開發勁，沒有實施進攻而已。如此能做到百打百倒，也可進行實作推手訓練。

推手功夫的修練內容將在下章詳述。

【要求】

（1）打樁時從不自如階段，逐步到自如階段。

（2）樁靶不倒不回，發勁不可間斷，勢斷勁不斷。

（3）打樁時發勁要由一種勁到兩種勁、三種勁……不斷增加勁別。

（4）打樁時要精神高度激發，加快頻率，鬆緊轉換要高速靈變。

（5）在打活樁時要採取各種勁各種方法，必須將對方打倒。

【說明】

打樁是從練功到實戰推手必須經過的過渡階段。

太極推手秘傳

第五章 推 手

　　太極拳推手是太極運動中的一種雙人徒手對練，具有一定的對抗性。太極推手分為單推手和雙推手兩種，又有定步推手和活步推手之分。經常練習可發展靈活性和反應能力，增強技擊意識。

　　初學推手，應由單推手開始。待熟練之後，再練習定步雙推手和活步推手。學習過程中，要由易到難，由簡而繁，不要急於求成，貪多求快。練習時要求動作圓活，兩臂鬆柔，不丟不頂，做到沾連黏隨。

第一節　搭手方法

　　搭手又稱為「靠手」，是太極推手時，兩人手掌或手臂以一定的形式相接觸在一起，像似搭橋一樣。搭手一般有兩層含義，一是太極推手的預備方式；二是太極推手的過程方式。常用的搭手，一般有單搭手和雙搭手兩種，現分別介紹如下：

一、單搭手

雙方提起右腳向前上步，雙方右腳內側相對，腳尖稍內扣，兩腳後跟稍向上抬起，兩腳前腳掌著地，兩腿屈膝半蹲，兩膝稍內扣，成為不弓不馬的「太極五行步」，上體稍向前傾，使身體重心落在前腳

圖 5-1

尖處，臀部裡收，同時右手外旋前伸，雙方手背相貼，手腕交叉，左手屈於左胯旁，以下簡稱為「右單搭手」（圖 5-1）。「左單搭手」與「右單搭手」動作姿勢相同，惟左右相反。

【要點】：搭手時必須控制住對方腕部，相搭手手臂略含掤，微向前上方送勁。

二、雙搭手

雙方提起右腳向前上步，雙方右腳內側相對，腳尖稍內扣，兩腳後跟稍向上抬起，兩腳前腳掌著地，兩腿屈膝半蹲，兩膝稍內扣，成為不弓不馬的「太極五行步」，上體稍向前傾，使身體重心落在前腳尖處，臀部裡收，同時雙方右手外旋前伸，手背相貼，手腕交叉相搭，左手掌扶於對方右肘部，目視對方，以下簡稱「右雙搭手」（圖 5-2）。「左雙搭手」與「右雙搭手」動作姿勢相同，惟左右相反。

太極推手秘傳

圖 5-2　　　　　　　　　　圖 5-3

【要點】：搭手時必須一手控制住對方腕部，一手控制住對方肘部。兩臂略含掤勁，微向前上方送勁。

第二節　練習方法

一、平圓單推手

【方法】

雙方右單手（圖 5-3）開始，我身體重心前移，右腿前弓，右掌向前平推，按向對方胸部；對方乘我的按勁，屈臂回，目視對方（圖 5-4）。對方上體右轉，右手內旋，向右

圖 5-4

圖 5-5

圖 5-6

引化我右手，使我不能觸及
其胸部而落空；我順對方之
勢，手外旋向前掤靠，上體
微右轉，掌心向內（圖 5-
5）。對方右膝前弓，隨之
右手向前平推，按向我胸
部；我承對方之按勁左腿屈
膝，重心後移左腿屈臂屈掤
至胸前，掌心向內（圖 5-
6）。

圖 5-7

　　我上體右轉，右手內旋
向右引化對方右手；對方順我之勢，手外旋向前掤靠，上體
微右轉，掌心向內（圖 5-7）。如此反覆練習。雙方推手路
線成一平圓形。練習 20～30 分鐘後，換步換手練習，方法
相同，惟左右相反。

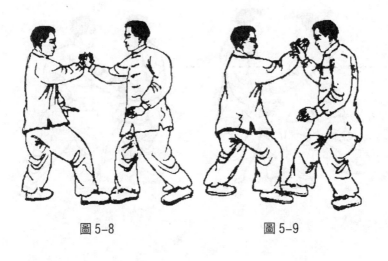

圖5-8　　　　　　　　　圖5-9

【要點】

按時上體不可過於前傾；化時應轉腰縮胯，重心後移，上體不可後仰，雙方手臂經常保持掤勁，屈身相隨，既不可鬆軟和斷勁，又不可頂勁；雙方手腕的接觸，如膠似漆，如滑軸；雙方左手均要活動，以配合腰腿用勁。

二、立圓單推手

【方法】

雙方右單搭手（圖5-8）開始，我重心前移，右腿隨之前弓，同時用右手指向對方面部插擊；對方右手用掤勁承我的來勁，弧線引至頭右側，身體微右轉，重心略後移（圖5-9）。對方右手微我旋，掌心按在我右手腕上，沉代表側弧線下按至胯前；我順對方之勢，向下隨之胯前（圖5-10）。對方按我手腕向我腹部推按，我重心後移，左腿屈

圖 5-10　　　　　　　　圖 5-11

太
極
推
手
秘
傳

膝，右手向右側引化，身
體微右轉（圖 5-11）。
我右手沿體側弧形上得至
頭右側，對方隨我勢，沿
我體側隨至右胸前（圖
5-12）。如此反覆練習。
雙方推手路線成一立圓
形。練習 20～30 分鐘
後，換步換手練習，方法
相同，惟左右相反。

圖 5-12

【要點】

　　按時上體不可過於前傾；化時應轉腰縮胯，重心後移，
上體不可後仰，雙方手臂經常保持掤勁，屈身相隨，既不可
鬆軟和斷勁，又不可頂勁；雙方手腕的接觸，如膠似漆，如
滑軸；雙方左手均要活動，以配合腰腿用勁。

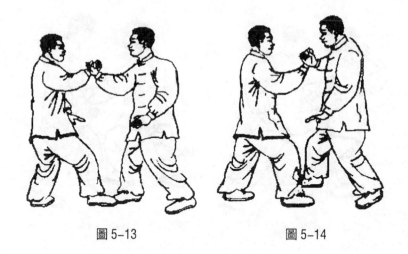

圖 5-13　　　　　　　　　圖 5-14

三、折疊單推手

【方法】

雙方右單搭手（圖
5-13）開始，我重心前
移，右腿隨之前弓，同
時用右手外旋向對方面
部伸插，手背壓在對方
手背上，掌向上；對方
右手內旋，用掤勁承我

圖 5-15

的來勁，重心微後移身體右轉（圖 5-14）。對方右腿屈膝
前弓，右手向我面部伸插；我左腿屈膝重心後移，用右手將
對方右手弧線向左胯引化（圖 5-15）。我順勢內旋弧線上
提至右肩前；對方隨我勢外旋上提至我右肩前，目視右手

圖 5-16　　　　　　　　　　圖 5-17

（圖5-16）。我右腿屈膝前弓，同時右手將我右手弧線引化至右胯旁，掌心向上（圖5-17）。如此反覆練習。練習20～30分鐘後，換步換手練習，方法相同，惟左右相反。

【要點】

按時上體不可過於前傾；化時應轉腰縮胯，重心後移，上體不可後仰，雙方手臂經常保持掤勁。雙方腕要沾連黏隨，腰腿配合用勁。

四、平圓雙推手

【方法】

雙方右雙搭手（圖5-18）開始，我右腿屈膝前弓，

圖 5-18

圖 5-19

圖 5-20

同時右手內旋，掌心按在對
方的右手腕上，左手扶於對
方右肘部，向對方胸部推按
（通稱為「按」）；對方左
腿屈膝後坐，右手外旋屈
臂，回掤屈抱於胸前，掌心
向內，同時左臂屈於胸前，
掌心斜向前，掌心向上（圖
5-19）。對方右手內旋，掌
心按在我手腕上，身體微右
轉，左手隨轉體向右；同時

圖 5-21

我右手外旋前掤，左手向前按扶對方右肘，目視對方（圖
5-20）。對方右腿屈膝前弓，同時兩手按我右臂向我胸部
推按；我左腿屈膝，重心後移，兩手屈臂回掤至胸前（圖
5-21）。我右手內旋，身體自微右轉，同時對方右手外旋

圖 5-22

圖 5-23

前掤（圖 5-22）。我右手內
旋，掌心按在對方右手腕上，
身體微右轉，左手隨轉體向
右；同時對方手外旋前掤，左
手向前按扶我右肘，目視對方
（圖 5-23）。我左手內旋，
掌心按在對方手腕上，右手扶
在對方左肘上，向對方胸部推
按同時左腿屈膝前弓；對方兩
手屈臂，掤抱於胸，身體重心
微後移，左掌心向內，右掌心
斜向前（圖 5-24）。

圖 5-24

　　對方左手內旋，掌心按在我左腕上，身體微左轉，右手
扶按於我左肘上；我左手外旋前掤，掌心向內，右手扶在對
方左肘上（圖 5-25）。

圖 5-25

圖 5-26

　　對方左腿屈膝前弓，兩手按我胸推按；我右腿屈膝後坐，同時兩手屈臂回掤至胸前（圖5-26）。我左手內旋，掌心按在對方左手腕上，身體微左轉，右手扶在對方左肘上；對方左手外旋前掤，右手扶在我左肘上（圖5-27）。如此反覆練習。練習20～30分鐘後，換步換手練習，方法相同，惟左右相反。

圖 5-27

　　【要點】

　　雙推手必須是始終一手管住對方肘部，一手管住對方腕部。按時要有逼肘的動作。化勁時，必須先化肘勁，後化手勁，將腰襠勁節節貫穿地轉到手上。雙方手臂屈伸相隨，不丟不頂，自然靈活。

圖 5-28

圖 5-29

五、立圓雙推手

【方法】

　　雙方右雙搭手（圖 5-28）開始，我屈膝前弓，右手內旋向對方面部伸插，同時左手向前推按；對方右手內旋屈臂，向右側引化我右手，左手隨右手向右捋我右臂，身體微右轉，目視右手

圖 5-30

（圖 5-29）。對方右手掌按在我右腕上，沿體側向下弧線按至胯前，左手向下捋；同時我右手沿對方體側向下弧線按至胯前，左手扶對方右肘，目視右手（圖 5-30）。對方同時兩手按我手臂向我腹部推按；我隨對方按勢，左腿屈重心

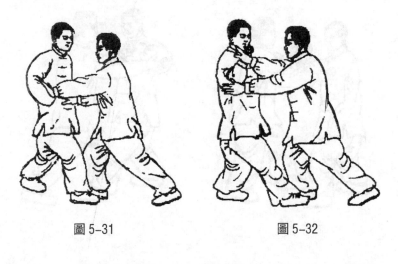

圖 5-31　　　　　　　　　圖 5-32

後移，兩手向右胯側引化對方的按勢，目視對方（圖 5-31）。我兩手沿體側弧線上提至頭右側，身體微右轉；對方兩手隨我上提至我頭右側，目視右手（圖 5-32）。我再向對方面部伸插。如此反覆練習。練習 20～30 分鐘後，換步換手練習，方法相同，惟左右相反。

【要點】

雙推手必須是始終一手管住對方肘部，一手管住對方腕部。按時要有逼肘的動作。化勁時，必須先化肘勁，後化手勁，將腰襠勁節節貫穿地轉到手上。雙方手臂沾連黏隨，不丟不頂，自然靈活。

六、折疊雙推手

【方法】

雙方右雙搭手（圖 5-33）開始，我右手內旋屈臂右胸

圖 5-33

圖 5-34

前，掌心向下；對方右腿屈膝
前弓，同時右手外旋，掌心向
上，壓於我右掌背上，雙方左
手不變（圖5-34）。我右手
向前伸插，同時右腿屈膝前
弓，左手向前推按；對方左腿
屈膝後坐，右手沿弧線向下、
向右胯引化，左手隨之下将
（圖5-35）。

圖 5-35

　　對方右手內旋，向右、向
上弧線至右胸前，掌心反向
下，左手不變；我隨對方之勢，沿對方體側外旋至右胸前，
掌心翻向上（圖5-36）。對方右手向我面部伸插，同時右
胯引化，左手隨之下将（圖5-37）。如此反覆練習。練習
20～30分鐘後，換步換手練習，方法相同，惟左右相反。

圖 5-36　　　　　　　　　　圖 5-37

【要點】

　　按捋時要先化肘，後按對方的腕，再按對方的肘。雙手
臂要沾連黏隨，不丟不頂。

七、合步四正推手

【方法】

　　雙方右雙搭手（圖5-38）
開始，我右腿屈膝前弓，重心前
移，同時兩手向對方胸部掤出
（稱之為：「掤勢」）；對方右
手承我右手掤勁，身體稍右轉，
將右臂向右後引化，右手腕黏住
我右手腕內旋翻轉，用掌心貼附
於我右腕，左手扶於我右肘部，

圖 5-38

太極推手秘傳

圖 5-39

圖 5-40

圖 5-41

與右手同時向右捋化（稱之為
「捋勢」），目視右手（圖
5-39）。我左手鬆開對方之
肘，放至右肘內側，與對方左
手相接，小指側相接，身體稍
右轉，右臂屈肘，用前臂平擠
對方胸部，掌心向內（稱之為
「擠勢」）；對方兩手扶在我
臂上隨我臂轉動，身體稍右
轉，目視對方（圖 5-40）。
對方右腿屈膝前弓，同時兩手
按我右臂向我腹部推按（稱之為「按勢」）；我左腿屈膝，
重心後移，右臂回掤至胸前，右手外旋向下至對方肘下側
（圖 5-41）。我右手外旋向下、向右、向上托對方左肘，
同時兩手向上，向左捋對方左臂，身體微左轉，左手掌心扶

圖 5-42

圖 5-43

於對方左手腕外側，右手掌心
按扶於對方左肘外側（即我捋
勢）；對方隨我捋，左手外旋
向上、向前，右手按我左肘，
目視左手（即對方掤勢，圖
5-42）。對方右手鬆開我肘，
放至左肘內側與我右手相接，
小指側相貼，身體稍左轉，左
臂屈肘，用前臂平擠我胸部，
掌心向內（即對方擠勢）；我
兩手按在對方臂上隨對方之臂

圖 5-44

轉動，身體稍右轉，目視對方（即我按勢，圖 5-43）。我
右腿屈膝前弓，同時兩手按對方左臂向對方腹部推按（即對
方掤勢，圖 5-44）。對方手外旋向下、向左、向上托我右
肘，同時兩手弧線向上至胸前；我右手外旋前掤至胸前，目

視對方（即雙方掤勢，圖5-45）。如此反覆練習。練習20～30分鐘後，換步換手練習，或雙方互換運轉方向練習，方法相同，惟左右相反。

【要點】

要做到沾連黏隨，不丟不頂。勁貫穿在整個推手之中，有一種勁力透入對方體內的感覺。層次要清晰，勁法要分明。

圖5-45

八、順步四正推手

【方法】

我以左腳在前，對方以右腳在前，對方右腳在外，我左腳在內，成為順步姿勢，雙方左搭手，相互交叉，右手均扶於對方之左肘尖（以下簡稱為「順步雙搭手」圖5-46）開始，對方右臂前掤，左手在右臂內側與我左手相接（即對方掤勢）；同時我

圖5-46

右手內旋向右上掤化，左手隨右手方向掤（即我掤勢，圖5-47）。對方身體微右轉，右臂屈肘擠我胸部（即對方擠勢）；我身體右轉，兩手按對方前臂向前推按（即我按勢，圖5-48）。對方用左肘掤我右手，用左手掤接我左手，右

圖 5-47　　　　　　　　　圖 5-48

圖 5-49　　　　　　　　　圖 5-50

手向下、向外托我左肘（即對方掤勢，圖 5-49）。對方身
體微左轉，左手內旋，向左、向上将我左臂，右手托我左肘
向上、向左将（即對方将勢）；我左手臂外旋前掤，重心前
移，目視左手（即我掤勢，圖 5-50）。我右手鬆開，扶於

太極推手秘傳

圖 5-51

圖 5-52

左肘內側與對方右手相接，左臂屈肘平擠對方胸部（即我擠勢）；對方身體微右轉，兩手按我左前臂向我胸推按（即對方按勢，圖 5-51）。我用右肘掤接對方左手，右手掤接對方右手，左手外旋向下向外托對方右肘，目視對方（即我掤勢，圖 5-52）。如此反覆練習 20～30 分鐘後，換步換手練習，方法相同，惟左右相反。

【要點】

動作要黏連，順隨。層次要清晰，勁法要分明。

九、進三退二四正推手

【方法】

雙方以順步雙搭手（圖 5-53）開始，我用左臂做擠勢，對方做按勢（圖 5-54）。對方右腳前進一步（對方進第一步），落於我左腳內側，同時兩手按我之右臂（圖 5-

圖 5-53　　　　　　　圖 5-54

圖 5-55　　　　　　　圖 5-56

55）。我左腳後退一步（我退第一步），右手從左肘上接對方右手，同時左手自左下方繞出扶於對方的右肘處，準備變捋勢，對方順我之捋勢左腳再進一步（對方進第二步），落在我的右腳外側，準備變擠勢（圖 5-56）。我右腳再退一

太
極
推
手
秘
傳

圖 5-57

圖 5-58

圖 5-59

　步（我退第二步），同時兩手引對方的右臂向右，轉身成将
勢；對方隨我的将勢動作，右腳再進一步（對方進第三
步），落於我左腳內側，右腿前弓，兩臂仍成擠勢（圖5-
57）；我右腿稍屈，重心後移，收胯成按勢（圖5-58）。

圖 5-60　　　　　　　　　圖 5-61

我趁對方向前擠動作，微向左轉腰，同時左腳提起落在對方右腳內側（我前進第一步），雙方前按（圖5-59）。

對方隨機退回右腳（對方退第一步），同時右手由下面繞出，扶在我的左肘部向回捋；我被對方捋時，右順式再進一步，落於對方的左腳外側（我前進第二步，圖5-60）。

對方捋我左臂，同時退回左腳（對方退第二步），我順勢再進左腳落於對方的右腳內側（我進第三步），我又變為擠的動作，對方變為按的動作（圖5-61）。

如此進三步退二步，進者由按變擠，退者由掤變捋，反覆練習20～30分鐘。

【要點】

雙方進退變化中須各含掤勁，並做到沾連黏隨，不丟不頂，循環不窮。

圖 5-62　　　　　　　　　　　　圖 5-63

太極推手秘傳

十、進三退三四正推手

【方法】

雙方右雙搭手開始，我右腿弓，先用左臂向對方胸前擠，無能則右手附在左臂肘內側幫助擠的動作（圖5-62）；對方縮胯、含胸做按勢動作，同時右腳略提起（圖5-63）；向前落，我順勢左腳提起向後退一步（均為第一步，圖5-64）。然後，對方再進左腳，我再退右腳（均為第二步），兩臂的動作與

圖 5-64

圖5-65

圖5-66

「進三退二」練習方法相同（圖
5-65）。接著，對方再進右腳，我
再退左腳（均為第三步，圖5-
66）。總之，整個過程是：我由擠
的姿勢，經過掤、捋變為按式；對
方兩臂由按的動作變為擠的動作。
如此反覆練習20～30分鐘後，再
換為我進對方退的練習，其方法與
對方進我退的動作相同，惟我改為
先進右腳對方改為先退左腳（圖
5-67、68、69、70）。

圖5-67

【要點】

　　搭手後，前進者前面的腳先進一步，後退者後面的腳先
退第一步。這樣才可造成三進三退的上步法。雙方進退變化
過程中要各含掤勁，並做到沾連黏隨，不丟不頂。

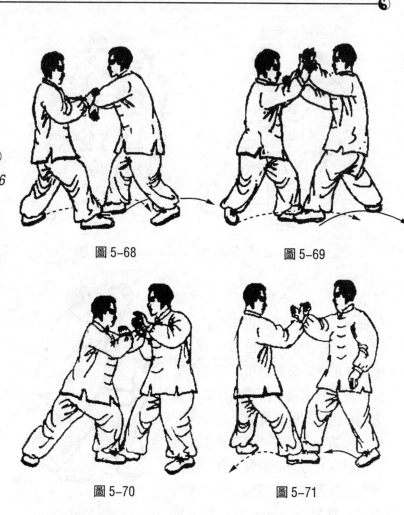

圖 5-68

圖 5-69

圖 5-70

圖 5-71

十一、大捋推手

【方法】

雙方以右單搭手（圖 5-71）開始，我翻轉右手捋對方右手，左手扶在對方右肘上，同時左腳掌為軸腳跟外轉，右

圖 5-72

圖 5-73

腳隨之收回半步，靠在左腳內側，身體也隨之右轉半面（即我引）；對方左腳立即跟進半步，與右腳靠攏，身體略有前攻之勢（即對方進，圖 5-72）。我順勢將身體向右後轉，右腳也隨同向右後方退一步，雙腿屈，呈馬步同時兩手由捋變採（即我採）；對方左腳順勢再前進一大步，鬆臂順勢（即對方隨，圖 5-73）。

圖 5-74

對方順我的採勁，右腳再進一步，落在我左腳內側之襠下，重心略向前落於右腿上，同時左手附於右臂內側，用肩靠向我之胸前（即對方靠）；我順對方之靠勢，用左前臂外截住對方的來勁（即我肘，圖 5-74）。對方靠勁被我肘化解，

立即右臂放鬆，身體右轉，左臂送勁擠我胸部（即對方擠）；我重心移向右腿，兩手下按、左捋使對方擠勁落空，同時左腳提起搶進一步，落於對方右腳內側（即我按捋，圖5-75）。我順勢兩手前按對方（即我按）；對方左手掤承我之按勁，右手自右臂下抽出扶於我之右肘，兩手經上向左捋我右臂，同時右腳收回半步，落在左腳內側（即對方掤捋，圖5-76）。對方順勢身體繼續左轉，左腳向左後方退一步，屈兩膝呈馬步，兩手由捋變採（即對方採）；我順對方的採勁，右腳前進一大步，重心略向前落於右腿上，鬆臂跟隨（即我隨，

圖5-75

圖5-76

圖5-77）。我左腳再進一步，落於對方右腳側襠下，重心略向前落於右腿上，同時右手附於左臂內側，用肩靠向對方胸部（即我靠）；對方順我的靠勢，用右前臂外旋截住我來勁（即對方肘，圖5-78）。我靠勁被對方肘化解，立即左

太極推手秘傳

圖 5-77　　　　　　　　　　圖 5-78

臂放鬆，身體左轉，以
右臂送勁擠對方胸部
（即我擠）；對方重心
移向左腿，順勢右轉身
按捋，使我擠勁落空，
同時右腳提起搶進一
步，落於我左腳內側
（即對方按捋，使我擠
勁落空，同時右腳提起
搶進一步，落於我左腳
內側（即對方按捋，圖

圖 5-79

5-79）。對方順勢雙手前按（即對方按）；我右手掤承對
方之按勁，左手自右臂下抽出扶於對方的右肘，兩手經上向
左捋化對方右臂之力，同時左腳回收，靠於左 4 腳內側（即
我掤捋，圖 5-80）。如此反覆練習 20～30 分鐘。

圖 5-80

圖 5-81

【要點】

採與捋要緊密銜接，採時另一手要含有掤勁，靠時身法要正，襠勁下沉，肘化手臂要滾動。

十二、大捋推手換手法

1.我捌掌換手法：

由我靠，對方肘（圖 5-81）開始。我用左旋臂旋化，化開對方的靠勁，然後迅速以右掌直撲對方的面部（即我捌掌，圖 5-82）；對方順勢上舉右臂接我右手，左手附於我的右肘，同時右腳收回落於左腳內側（即對方掤）（圖5-83）。

對方身體右轉 90°，兩手右捋（即對方捋）；我右腳進一大步，鬆右臂跟隨（即我進，圖 5-84）。

對方右腳向右後方再退一步，兩手採我右臂（即對方

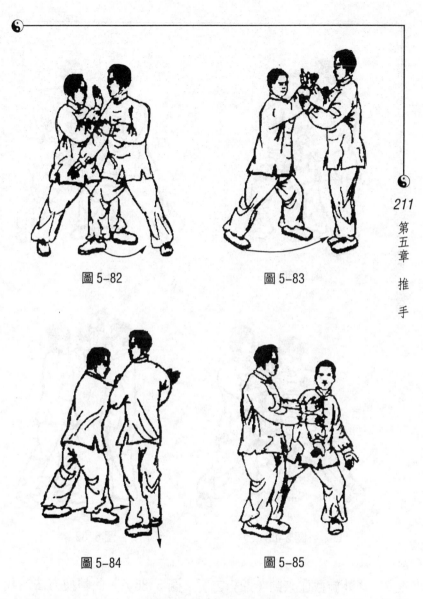

圖 5-82

圖 5-83

圖 5-84

圖 5-85

採）我左腳再進一大步，鬆臂順隨（即我隨，圖 5-85）。

　　我右腳落於對方左腳內襠下，同時左手附於右臂內側，用右肩靠對方的胸前（即我靠）；對方順我的靠勢，用左前

圖 5-86　　　　　　　　　圖 5-87

圖 5-88　　　　　　　　　圖 5-89

臂外旋截住來勁（即對方肘，圖 5-86）。此轉換方法為我
捋掌換手法，其關鍵在於右手撲面掌。

　　2.對方捋掌換手法：

　　對方靠，我肘（圖 5-87）。對方捋掌（圖 5-88），我

圖 5-90

圖 5-91

圖 5-92

掤（圖 5-89）。我捋，對方進（圖 5-90）。我採，對方隨
（圖 5-91）。對方靠，我肘（圖 5-92）。

太極推手秘傳

第六章 實 作

第一節 進 手

　　進手的基本間架是採用太極五行樁的高、中、低樁勢。
運用時根據當場的情形，相機調節變化樁勢的高中低。太極
五行樁的間架是兩手不離心，兩肘不離肋，緊護兩腋下，在
推手中兩腋下是最薄弱的部位，一旦被對方兩手或一手伸
進，全身最易被控，根也最易被斷，如若橫打，一打即可打
倒。因此，腋下成了推手相爭進手攻擊和嚴加防犯的主要部
位。在推手時要集中精力，兩手左揉右畫來迷惑對方，不讓
對方的手進入自己的腋下，可以讓對方的手落在胸脯和臂膀
上，而後調整好基本間架，思想集中，全身放鬆，突然進手
（採取單進手和雙進手即可），推打對方，不退不停，不倒
不停。即使對方的手進來，要用揉功將其揉出去，自己以單
進手作為進手的主要形式，另一手配合打對方的中心線為
主，發勁進攻。

如對方有準備，掤勁很大，沒推動對方，則應迅速放鬆下來，然後突然緊上去，將對方打倒。

以上方法對推訓練 3 個月，每日練習 100 次。

第二節　聽　勁

練習推手，首先要掌握聽勁功夫。聽勁不是用耳朵聽，而是肢體皮膚同對方的接觸中，用自己靈敏的感覺去察知對方的來力大小、快慢方向和作用點。聽勁時要感覺靈敏才能聽得準。要感覺靈敏必須全身放鬆，思想放鬆，集中精力於雙方搭手的接觸點上，隨曲就伸，做到沾連黏隨，不丟不頂。時刻注意對方的勁路變化，動急則急應，動緩則緩隨。聽勁功夫也應由低級向高級層次逐步修練進升。

一般地初級階段肢體皮膚感覺不太靈敏，需要經過一段時間的鍛鍊才能達到得心應手，神會自然的聽勁功夫，這其間要經過三個層次的修練。初級階段是小勁聽，中層功是大掤勁聽，高層功夫則是神會聽，也為肌膚感應階段。下面分別講述。

一、小勁聽

小勁聽是在搭手時自己用的勁要小一些，但勁小並不是無力，不能被對方沖垮，手上要有一定的掤勁，只是略小於對方的勁。對方的勁大，我應隨之大，對方的勁小，我則應隨之小，視對方情況而定。

聽勁時要身體放鬆，思想也要放鬆，集中精力於雙方手臂的接觸點上。對方的動與不動都在我的感覺之中，對方不動我也不動，若對方來勁快猛，我則鬆而化之，對方的勁如轉弱退縮，我則隨而發之。

總之，我的勁處處小於對方，心靜體鬆，保持靈敏的感覺，隨順對方，沾連黏隨，不丟不頂。

二、掤勁聽

經由初級功夫的修練，自己的感覺靈敏度提高了，能夠沾連黏隨，不丟不頂。此時在推手中也可以相當的掤勁去聽取對方的虛實、剛柔和勁路變化。由於我有相當的掤勁施加於對方手上，對方或以相應的力量迎合我掤勁。

相持之中，若對方用大於我的力量，我則很容易聽到對方力已出體，我聽而得之，則迅速放鬆，化而解之，或轉而放之。彼尚不及走化，已被我打倒出圈。這是以掤勁代替聽勁，非有相當的功力不能運用自如。

三、神會聽

神會聽是高層次功夫的聽勁，此時的聽勁、化勁、發勁已融為一體，成為肌膚感應的自然本能。交手之際無所謂的聽勁、無所謂的發勁，聽、化、發已不是有意為之而為之，而是不欲為而為之。渾然不覺一片神行。

一旦有意則失之中和。這種神會聽勁是由初級階段的小勁聽，到中級階段的掤勁聽，逐步修練而來，逐步地由會、

好，而達到精絕的程度，進而臻於上乘化境。修練者要一步一步地進行修練，逐漸達到自然的境界。

第三節　化　勁

一、掤　化

掤化首先要將對方的勁掤住，不論對方來什麼勁以什麼樣的姿勢加在我的手臂上或身上，都要掤住對方。有時用小勁掤，有時用大勁掤，視對方的勁力而定。小勁來小勁掤，大勁來大勁掤，掤住對方的來勁弄清對方的勁路，當左則左，當右則右，當上則上，當下則下，當打則打。

掤勁絕不是頂抗，掤是多方向勁，是富於變化而易於變化的，頂抗是單方向的勁。有了掤勁才能說懂勁。

掤化勁在推手中是非常重要的。練習掤化有小勁掤化和大勁掤化兩個階段。

（一）小勁掤化

小勁掤化就是以小於對方的勁掤住對方，但不能讓對方沖垮，勁小只是相對地小於對方的勁，這樣比較能聽準對方的勁路。聽準了，想打則打，想化則化，化打結合，一般情況下，要打一下。如果是賽場競技，則可抓住時機打擊對方。而在訓練中可打可不打。為了練習聽勁，練習化勁，可以小發一下，點到為止，或者變化過去，繼續對推循環。對

方再次用勁，又聽到了，也化也發，任意為之。

透過以上練功，不斷地發現對方推手中缺點，和自己的不足之處，不斷地改掉自己的毛病和不足，且將對方的毛病不斷地擴大，造成對方背勢。

用小勁掤化的優點是我能知人，而人不知我。我在暗處，敵在明處，讓對方摸不準我的勁路，這就是小勁掤化的主要方法。

（二）大勁掤化

由以上小勁掤化的訓練，基本上掌握了推手中的聽化發的要求，但是，如果想要快速打敗對方，必須要進行大勁掤化的訓練。

大勁掤化是與人交手時，搭手就用自身六七成的力量掤住對方。如對方的勁小於自己，即可發打。對方再組織勁已來不及了，這又叫做勁前勁。

如果對方的勁大於自己，可以瞬間改變力的方向發之。平時為了練功可以不發，而是鬆而化之。鬆化之後再掤上，讓對方出毛病，不斷地讓對方露出破綻，導致背勢進而發之，腰胯以下要放鬆下來，下半身掤勁是以腰胯以下用勁，腰胯以上要放鬆。

全身掤勁則是上下一致用勁掤住，但要配合全身放鬆，能瞬間鬆下來才行。無論哪種掤勁都要思想放鬆。但兩手是緊的，手上的掤勁時時都有，然後再去調節上下肢或全身的虛實鬆緊。這一掤化階段的功夫非常重要，修練者要認真揣摩，認真修練。

二、揉 化

透過一段時間的修練，自身已有了較大的掤化勁，不論對方的來力有多大，都能掤得住，化得開，發得出。但掤化階段自身須耗費很大的勁力，才能戰勝對方。怎樣做到不用勁或用小勁戰勝對方呢？

只有揉化功夫才能達到此目的。揉化階段是練得四兩撥千斤的功夫，四兩撥千斤說來容易，做起來並非易事。必須從太極推手功夫的初級功夫到中層功夫，一步一步地升級過關，才能練成揉化功夫。揉化功夫已是上乘功夫的初級階段，修練者必須認真對待，刻苦修練。

揉化功夫比較難練，必須有很大的勁作基礎，才能進入揉化階段的修練。揉化不是掤不住對方的勁，而是不願去掤對方的勁。在推手中，對方來力大，若以相當的力去掤，勢必耗損體力，難以持久。

人的體力畢竟是有限的。如虎之威猛，也僅有三撲之威，持續下去就會衰竭。人也如此，推手對抗，全力拼搏，誰能持久，則誰能取得最後勝利。而久之竅門，惟節約體力之法。而節力的最好辦法就是揉化。

揉化不用勁，不等於無勁。揉化功夫必須以掤勁作後盾，比如四兩撥千斤，必有千斤之力作後盾，即千斤加四兩才行。否則純屬妄想。

初練揉化功夫，除了應有相當的掤勁外，還要先練放鬆功夫中的折疊和顫抖樁的功夫。這是要求全身能折疊放鬆自如。當對方用力向我打來時，我不用勁去接對方的來力，而

是讓對方的力落在身上，我的身體瞬間放鬆折疊，落空來力，並改變來力的方向，使對方的力由直沖前指，改為直沖下指，作用於我身傳導到腳跟而落入地下。就像接籃球一樣，接球時手必須順球來勢向後移，並向下折繞，方能接住。如直迎接球，不但接不住，球反而會彈出去。如果球速快猛，自己或被沖退。

同樣的道理，要接住來力，自己不能迎著勁頭接，必須順接，順接就是利用自己鬆柔的肢體折疊彎曲，落空並改變來力的方向。此時需立定腳跟，不能後退，全靠身體的折疊鬆柔落空來力，同時兩手臂鉗制住對方的肢體，像包包子一樣，將對方的勁包裹住。如對方加力向前，我則順其力偏離；如對方後縮，此時已被我包裹住臂膀，捆住身體，腳跟浮起而失勢。

對方左動則右擠，右動則左擠，前沖則俯撲，後退則放跌，使對方動也不敢動，動之則失重加劇。如網罩身，越動捆得越緊。此時對方再加一點力也被我包裹揉化之中處處背勢，毫無辦法。

三、吸 化

以上所說的掤化和揉化功夫，在用於推手時是以控制對方使其失重或背勢為條件，方能打倒對方的。而吸化功夫用於推手時，無須使對方失重背勢，也沒有什麼招法和意念。全憑肌膚感應，瞬間精神高度激發，發打出多種勁，變化出多種動作。周身神氣圓滿，活動無滯，三轉九回，如雷霆萬鈞，不及掩耳，不倒不回。

在吸化功夫中，著重於精神激發和動作的變化。精神激發的時間越長越好，瞬間完成的動作越長越好。此時聽勁、化勁、發勁已是無意而為之，純屬自然行為。

吸化功夫雖好，但不能一上來就練此功。它是太極推手全部功夫凝聚而成的。沒有前面功夫的修練過程，是練不出吸化功夫的。必須經過推手功夫全過程的修練，自身各種內勁都有了，有了相當的掤勁，再經揉化功夫的階段，才能練成吸化功夫。

吸化功夫的修練沒有一成不變的程序，它是根據自己的不足，進行補充修練。其修練內容大致以放鬆法中的自然放鬆、折疊放鬆、顫抖放鬆三大功法為主，修練前可依自己的情況選擇具體的功法。此處僅提出幾種可能出現的情況以供參考。

1. 如果自己的速度上不去，不夠快，說明鬆的不好，須練放鬆功，達到大鬆大柔，才能提高速度，打出冷、脆、快、驚、彈之勁。

2. 如果身體折疊不夠，就必須加強練習自然樁的折疊法。

3. 如果精神激發不起來，或激發的不夠，就練顫抖樁使精神高度激發，調節鬆緊快慢，完成發勁的需要。

功夫練到吸化階段已非常人能夠做到。這時練功已是自覺行為，無須別人再督促，自己的弱點、不足之處也會認識到，如還有不通，也可向老師請教。但功夫的增進主要還是靠自己去悟道。

第四節　發　勁

發勁是勁力的釋放方法。將透過練習而具備的勁力積蓄、傳遞條件綜合起來，實現對外界的作用。發勁是太極推手的制勝之本，太極推手攻擊效果都基於發勁。發勁質量是衡量太極推手水準高低的一個重要標誌。

從現代科學原理來看，要想使人體發出的力量大，第一必須使肌纖維伸縮時間儘可能的短；第二要使肌纖維的伸縮之差最大；第三要調動更多的肌纖維參與工作。這就要求發勁要發整體內勁，其發整體內勁的具體方法是：「根在於腳，發於腿，主宰於腰，形於手指。由腳而腿而腰，總須完整一氣」（見《太極拳論》）。

其發勁過程是：體內之力的匯集和傳遞，它是肌纖維由收縮變為伸張，由緊到鬆的過程，這還不完全，還有力的「傳遞」，那就是「由腳而腿而腰」和「形於手指」。完整一氣概括了體內的匯聚和傳遞的全過程。

做法是腳蹬地、伸腿、長腰、豎脊、懸頸、消肩、展臂、直腕、彈指，全身完整一氣，把勁發出體外。這個勁極沉重、極剛強、極迅猛、極乾脆、無堅不摧。

太極推手發勁的練習，必須在去僵求柔、周身放鬆的情況下，按照「勁起於腳行於腿、主宰於腰發於梢」這個太極推手發勁的基本規則，循序漸進，用心揣摩。只要能真正掌握了這個規律，經過久而久之的訓練，就能達到無論從任何角度和部位發力，都做到得心應手、隨心所欲地將力發出體

外。

　　放鬆是發勁的前提，極柔軟方能夠極堅剛，只有做到充分的放鬆，去掉全身之僵勁，才能發出完整一氣的太極整體內勁。全身骨節鬆開，肌肉鬆弛，最大限度地減少對抗肌的用力，使力不至於在中途由於對抗的緊張用力而消耗減弱，使周身之力能在一瞬間達到著力點，也就是集全身之力發出於一個力點上。

　　另外，肌肉緊張用力的時間要短，要在發力到落點的一瞬間高度緊張，而後再迅速放鬆，也就是說，發勁時肌肉緊張的時間越短，力到落點的速度就越快，威力也就越大。

　　意氣是太極推手運動的靈魂，發勁要想達到一定的水準，就必須結合意念和內氣。以意領氣，以氣運身，氣到則勁到。意念一動，則全身皆動，在腰的帶動下，按照發勁規律，節節貫穿地使勁迅速達到著力點，勁到落點的同時肌肉高度緊張，腹部抖彈堅實，氣沉丹田即會產生太極整體內勁。此勁極富彈性，有力而不僵硬，如金獅抖毛，乾淨俐落。要想練好太極整體內勁，關鍵是發前形成「五弓」。發勁時兩腳蹬地，腳下緊，全身放鬆，節節貫穿，使力由腳順達於兩手或其他部位，而發於體外。

　　衡量一個拳手發勁的質量，要從下面三個方面來分析。

　　第一要看他發勁前身體是否形成「五弓」，身體緊收，將勁蓄足；發勁時是否在放鬆的基礎上，快速展體，節節貫穿。

　　第二看他的勁是否從足下發出。勁不生於根就好像是無源之水，沒有腳的蹬地反彈，就不會有節節貫穿的推動力，也不會發出威力強大的整體內勁。

224
太極推手秘傳

第三看他是否有落點勁，落點勁就是將全身之力集中發於一個著力點，如只是周身僵硬有力，而勁無落點，沒有穿透力，就等於華而不實。看似很厲害卻沒有殺傷力，無濟實用。正如拳論所云：「不本諸身，則虛而不實，不行於梢，實則而仍虛。」

由上面三點的分析，我們可以得出這樣一個結論，這就是發勁要想發好，必須做到將身體收縮形成「五弓」，然後兩腳蹬地撐挺、放鬆，使勁要從兩足下發出，順暢地傳遞於兩手或發力部位，落點要準，使勁力整體如一，爆發於體外，發力要透，並且能夠定位。這幾點缺一不可。

拳譜曰：「身似弓弦手如箭，蓄勁如開弓，發勁如放箭。」所以，在蓄勢時要求做到一身備「五弓」，周身上下全部合住勁，將身體收緊，使勁蓄足。然後周身放鬆可以加快發勁的速度，減少勁在傳遞過程的阻力，減少力在傳遞過程中的消耗。發勁到落點的一瞬間肌肉高度緊張，才可以將力發透，並且有助於定位，從而產生剎車力（制動力），而後再迅速放鬆。

在太極推手應用時，發勁之前常上掤或下按或左旋、右旋，破壞了對方的平衡之後再發勁。

具體方法是：首先要聽勁明力，就是要全身放鬆跟隨對方運動以探明對方勁路；其次要引探虛實，就是用沾、黏法引長對方勁路，以引出對方的整勁；再次就是落空待發，用掤勁或全身內收旋轉的方法，將對方的勁引向身外，使其落空，身體失去平衡，同時蓄勢等待發放時機，然後順勢發放，待對方落空後，重心浮起時，順著對方的勁路方向，發勁將其發出，而取得勝利。

發勁有很多種，但歸納起來可分為有意識發勁和無意識發勁兩種。

凡是用意念與力量相結合，用意念集中於一點的發勁，打出的力量再大，都屬於有意識發勁。

在技擊對抗中，待對方不得勢，或力出現下塌偏斜時，乘機發勁打擊對方。意念中想打而打之，不論是發的什麼勁，譬如長勁短勁、驚彈勁、崩炸勁、螺旋勁等，都是由意念引領勁力從體內出發，實施打擊手段的。有意識發勁要求做到意與氣合，氣與力合，所謂內三合的發勁，是典型的有意識發勁方法。能做到意到氣到勁到，在對抗技擊中便可以做到當發則發，當打則打，隨心所欲。

在太極推手功夫中有意識發勁尚屬初步功夫的階段。高層次的發勁是無意識發勁。

無意識發勁是在發勁時沒有明確的意念和方向，不想打而打之，打無不中。打人在無意之中，有意打往往打不倒人。這是上層階段的功夫，修練者應從初級階段的有意識發勁開始訓練，每一步功夫都要做到會、好、精、絕、化的程度，逐步修練，不斷升級，才能練成無意識發勁。下面我們就談談有意識和無意識發勁的訓練方法。

一、有意識發勁的練法

練習有意識發勁，應先從用小勁發打開始，小勁發就是搭手時意念中小勁發打在對方身上，體會勁力是否能達到對方身上，勁能否出體。

如果意念到，勁到了，再逐步加大意念的力量。如果不

能出體，意念領不出來勁，就加大意念去領小勁。如能達到目的，再加大力量。如果還不能將勁發出體外，說明鬆的還不夠，就應返過頭去練放鬆功，求放鬆。放鬆了，再進行發勁練習，體會勁力能否從體內爆發出來。

也可局部發勁，這樣比較容易發出來。局部發勁是以肩催肘，以肘催腕，以腕催掌，主宰於腰，運動於肩、肘、掌，上下一致，周身一家，內外相合，集中全身的力量發放於一點。在訓練時，要先從發大勁開始，逐漸練到能發小勁。因為整體發勁，發大勁比較好發一些，發小勁就困難一些。直練到發小勁能夠隨心所欲，運用自如時，就可以練無意識發勁了。

二、無意識發勁的練習

無意識發勁在搭手時，意念中不想打，思想空空。心平氣靜，全身放鬆，呼吸自然，意念假想面前似無人，無意識去打。

初練無意識發勁，也應先以小勁發打。體會勁的大小，注意觀察其效果。如效果不佳，則要有意識打亂自己的意念，求得自己鬆靜。自己鬆靜了，對方也會隨之注意力鬆散。如果搭手時自己有意念打對方，手上就有勁，一有勁，對方就會覺察，聽到自己的勁，注意力就集中，此時發出勁打出效果不好。要使對方覺察不著你要打他，他的注意力就會鬆散。待對方意識鬆散了，此時瞬間激發，即會收到較好效果。如果此時激發不起來，還須回頭練放鬆功，解決放鬆問題。

無意識發勁也應先練局部發勁，再練整體發勁，逐步達到瞬間精神高度激發，不想打而打，不想為而為之，達到一次激發就能完成很多動作，發出多種勁路，使對方不知道怎樣被打倒的，自己也不知道怎樣把對方打倒的，不期然而然，莫之至而至，方告成功。

第五節　旋打　快推　快摔

一、旋　打

當對方力量很大，打得狠猛，應慢慢地主動地退至二圈，用五行樁的低勢間架待敵，此時全身放鬆，集中精力，腳步以疾步的功法不停地調整，腳跟略抬高一點兒，當對方衝到面前時，兩手迅速進入對方腋下，以右腳為軸，打一右勁，將對方拋打至右後方，同時旋轉身體與對方換位。此套動作應連貫，一氣呵成。

如左腳在前就打左勁，將對方拋打在左後方。如對方進攻得不太猛烈，或功力小於自己，則主動地慢慢地有控制地退到離邊圈四五十公分左右，採取左旋右旋方法，將對方拋打出圈外。

如果對方不跟隨我進入二圈，那就採用進攻型打法，迫使對方退至二圈，相機發動，當打則打。

以上功法對推訓練 3 個月，每天 100 次。

二、快　推

太極快推是打破二圈意識的一種打法，不分距離長短，在以上功法精絕的情況下，方可進行快推訓練。

太極快推的推並不作為主要手段。而是要控制對方，使對方由小被動到大被動，層層捆死，然後精神激發，以迅雷不及掩耳之勢快速將對方推出圈外。

此時對方身體是非常輕的，並不需要用多大力量也可將對方推出圈外，此時如果覺得對方阻力很大，則是控制問題沒解決好，或者發的勁路不對，應以打上勁為主，腳步是以行步功法配合發打。以上對推3個月，每天100遍。

三、快　摔

太極快摔是在快推的基礎上訓練成的。其具體方法如下：

1.當快摔推中用前上勁使對方失重而後退時，迅速改變發勁方向，向左或向右發勁，將對方打倒。

2.在化手中未進手之前，突然進手左右發勁將對方打倒。

3.在未動手之前，調整好間架，以太極推手功夫中勢樁揉手，突然將手進至對方腋下（以單進手或雙進手均可）或兩手管住對方一隻手臂，腳跟迅速踏入對方中門，迅疾向左或向右發勁，同時擺膝碰對方的腿一下，將對方打倒。

4.在未進手之前，突然向前發一下勁，打在對方胸部，

此為試探發勁，然後雙手迅速回到原位，待對方撲來，進手或左右發勁，發勁時擺膝碰對方的腿一下，借對方的力量將其打倒。

以上打法反覆練習3個月，每天100次。

第六節　鬆在推手中的運用

鬆在推手的運用中，根據鬆的功夫特徵可分為三個層次。

第一層次的鬆是鍛鍊聽勁功夫和懂勁功夫。一般地練習六個月才能見效。此時運用於推手尚不能化發自如，也聽不準對方的勁，只能是慢慢體會階段。所以，搭手時自己的勁處處小於對方的勁，全身放鬆，便於聽出對方勁路的變化，採取相應的措施。或可抓住對方疏漏之處，制勝於人。但有時未必做得好。這一階段是初級不自覺的階段。就是有時做得好，有時做不上來，尚不能運化自如。

第二層次的鬆可掌握掤勁中的鬆，鬆中有掤勁，鬆緊轉換能夠便捷從心。而這個層次需一年左右的時間方可練到。到了這層的鬆，於對抗之中也可以相當的掤勁應接對方。此時對方的勁路變化時刻在我之掌握之中，鬆緊轉換，陰陽虛實，已可自覺作為。對方不動則已，一旦顯出動象，我即變化內勁，或隨或順，沾連黏隨，使對方處於不利的劣勢狀態，破其間架，或發或放，便得從心。

第三層次的鬆已不在意念的支配之下，鬆與緊，已是自身之本能。大鬆大柔，無我無人，何謂鬆，何謂緊，何謂聽

勁，何以發勁，無意為而為之，不自覺而覺之，我身自持清靜虛靈，雖泰山崩於面前而不驚，一羽不能加，一蠅不能落，加之落之，我也應感而發，全憑下意識的反應，天然之得，不是人所為之。

平時練功中欲鬆則能鬆下來，這是初步掌握了鬆的功夫。因其練功時放鬆，意念所受的干擾少，能夠集中精力進行放鬆活動，比較容易鬆下來。然而在推手中求鬆並非那麼簡單，非功夫達到相當的程度不易為之。因為臨場對抗之中，對手當前，互相拼搏，己勝彼敗，或彼勝己敗的觀念始終縈繞於前，精神比較緊張，肌肉自然繃緊，於平時修練的鬆緊轉換功夫的運化未必自如。

功夫純者，於此尚可以從容應付，功夫不純者，精神壓力大，難免臨陣惶然，思緒紛擾，意識模糊，淡忘了平時對鬆的體認，對鬆緊轉換調節的分寸把握失於法度。當鬆時未鬆，或全身鬆不下來，或者意念中想鬆而機體鬆不下來，或者一鬆全鬆，懈弛無力，難以做到掤中有鬆、鬆中有掤、鬆掤適度。表現出功夫的深淺尤為明顯。

所以說，單獨對抗中的鬆與平時練功中的鬆有所不同。欲於賽場爭勝負而操持主動權者，不可不明瞭緊中求鬆的重要。應當加強平時的修練，並注意積累賽場上的經驗。

緊中求鬆，是競技對抗中搭上手掤上勁也能夠鬆，才是真正的鬆。此時的鬆不是無力，雖有力，卻不顯其力，鬆柔無形而有勢。掬之則無形，握之無棱，如水向東流而終不變一樣。或怒而威張，則洶湧滔滔，激浪翻轉，巨舟傾覆，幾無情面。緊中有鬆，以柔克剛，便於聽準對方的來力，或化或發變轉靈動。正像前面講過的一樣，有多大程度的鬆，就

有多大程度的靈敏聽勁功夫。愈鬆聽勁愈靈。反之，聽勁不準則鬆得不夠，尚需從自身找原因：即應根據自身功夫的大小，臨場對抗之際，採取相應的放鬆辦法或可以彌補功夫欠缺之一二。

推手中的鬆是相對進行的，不可不鬆，也不可一味地求鬆。臨場之際，應視對方的情形而定。有時可以大鬆下來，但大鬆不失綿軟。搭手時以小勁承接對方的勁力，誘其深入，而後變節奏快速發勁，將對方擊潰。此是應付較弱對手的方法。

對手強者，或旗鼓相當者，則只能小鬆，小鬆不易失誤，不給對方可乘之機。應以相當的掤勁承接來力。堅我壁壘，以靜待動。輾轉之間不要首先發勁，靜候對方動態：即彼不動，我也不動，待對方動態外露，力已出體，或轉而化之或順勢發放。若對方根基深厚，來勢凶猛，但鬆還不夠，還要移動腳步，以泄其力，待對方的力成強弩之末，尾追進擊，迅速發放，力求集其功於一挫之中。若未奏效，則應立即鬆下來調整好，以待時機。

推手要注重節奏的變化。當慢則慢，當快則快，有經驗者，快慢急緩迎送相當，操持主動，尤忌一開始就緊而求快，爭勝心切。急勝心切、急而先進，往往失去自我，為人所乘。對抗之初，須緩而沉穩，節省體力，以鬆而不失為度。待相持一陣，摸清對方底細，則節奏變快，乘隙而入；或誘其深入，加速於人；或擊其縮歸，驟緊猛發，莫有不中。成功之際，鑼聲響起，時間已到，勝券在握，豈不快哉。

第七章　絕　技

第一節　太極推手控制放摔法

控制放摔是太極推手常用的技法之一。控制是在不違犯《武術太極拳推手競賽規則》，如硬拉、硬拖、摟抱、腳勾、踏、絆、跪或單、雙手抓住對方衣服或雙手死握對方的前提下，採用掤、擠、按、採等手法使對方造成身體不能變化、反攻或腳跟被拔的被動局面。

放摔是控制對方後，利用轉體、掤、擠、按、靠等技法和發出的螺旋勁、直沖勁、拋放勁、震勁、驚炸勁等勁別，使對方身體失去平衡而跌地的方法。若應用得當，可隨意收放，發人如彈丸，可取得勝利。

現將控制放摔技法介紹如下：

一、左進手右擠腕控制右旋打放摔

【方法】

我與對方相互對峙（圖7-1）。我抓住時機，左腳向前上步，左手從對方右腋下前穿進，並用左臂上挑對方右腋，左手托住對方左腕向前上擠推對方左腕給力，使對方產生抗勁（圖7-2）。我右手突然鬆開，使對方根斷，趁機右轉身體，同時右手右後捋帶對方左臂，左臂向上、向右打（圖7-3），使對方身體失去平衡而向左前方跌地（圖7-4）。

【要點】

進手要快，掤腋擠腕要一致，右手擠腕給力要明顯。右手鬆開要突然，右手捋臂、左臂掤打與連體要協調一致，勁由腳發，發力要脆快。

圖7-1

圖7-2

圖7-3　　　　　　　　圖7-4

二、左進手右擠肘窩控制左旋打放摔

【方法】

我與對方相互對峙（圖7-5）。我前進步，左掌從對方

右腋下穿進，向上掤挑，右
手擠推對方左肘，左臂向右
打勁，使對方向右產生抗勁
（圖7-6）。我借對方之抗
勁，身體左轉，並用右手向
左橫打對方左肩（圖7-
7），使對方身體失去平衡
（圖7-8），向左前下倒地
（圖7-9）。

圖7-5

太極推手秘傳

圖 7-6

圖 7-7

圖 7-8

圖 7-9

【要點】

　　進身進手要快，挑腋向上，擠手要牢，挑腋右打要能引
起對方的反抗，右打肩與轉體要一致，打肩要快猛。

三、雙進手掤腋控制右旋打放摔

【方法】

我與對方相互對峙（圖 7-10）。我前進身，兩手從對方兩腋下穿進向上掤托，以斷對方之根（圖 7-11），我右手放鬆，同時身體右轉，並用左手臂向右旋打，使對方身體失去平衡（圖 7-12），向左下側身倒地（圖 7-13），並旋翻於地（圖 7-14）。

圖 7-10

圖 7-11

圖 7-12

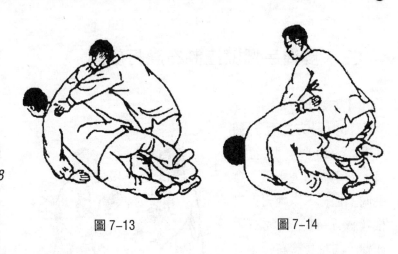

太極推手秘傳

圖 7-13　　　　　　圖 7-14

【要點】

　　進身進手要快，進身要緊貼對方，上掤時兩腳蹬地挺膝長身，將對方向上捧起，突然放鬆右手同時轉身，左手向右打右腋要迅猛‧

四、雙臂固肩控制右旋打放摔

【方法】

　　我與對方相互對峙（圖 7-15）。我前進身緊貼對方胸部，並用兩手相對向裡用力固住對方雙肩，向左用力（圖 7-16），使對方產生抗勁（圖 7-17），我借對方抗勁突然放鬆右手身體右轉，左手向右橫打對方右肩，使對方身體失去平衡，向左前跌地（圖 7-18）。

【要點】

　　進身要快，緊貼住對方，固肩兩手相對用力，並稍向上捧，鬆手、轉體要突然，打肩要迅猛。

圖 7-15

圖 7-16

圖 7-17

圖 7-18

五、雙手擠托腕控制下打放摔

【方法】

我與對方相互對峙（圖7-19）。我前進身接近對方，兩手向前擠按對方兩腕於對方胸前，控制住對方，並向上用力托捧對方，使對方產生向下的抗勁（圖7-20），我兩手突然鬆開，使對方失去重心，同時我兩手向下拍擊對方兩肩，使對方向前下跌地（圖7-21），並向前滾翻（圖7-22）。

【要點】

進身、進手要快，擠托對方兩手腕要牢固，上托兩手要隨身體的上起而托，向上托力要明顯，要能引起對方的注意，使對方產生抗勁，鬆手要突然，拍肩要趁對方前跌時拍擊。

圖7-19

圖7-20

圖 7-21

圖 7-22

圖 7-23

より

六、左進手控制轉身右旋打放摔

【方法】

我與對方相互對峙（圖 7-23）。我進步、進身左臂從

圖 7-24　　　　　　　　　　　　圖 7-25

對方右腋下穿進，向上捧托，使對方根斷（圖 7-24），我身體右轉，同時左手向左橫打，使對方向左前下倒地（圖 7-25），滾翻（圖 7-26）。

圖 7-26

【要點】

進身、進肘要快，左臂上挑對方右腋與轉身旋打要一致、突然，轉身幅度要大，右旋打要迅猛。

七、左進手右擠腕控制右下打放摔

【方法】

我與對方相互對峙（圖 7-27）。我進身，左手從對方右下穿進向上捧挑，右手推擠對方左腕（圖 7-28），我右

圖 7–27

圖 7–28

圖 7–29

圖 7–30

手黏對方左腕向右下捋，同時身體稍右轉並下蹲，左手向右下打對方右肩，（圖 7–29），使對方向左前下倒地（圖 7–30）。

進身、進手要快，控制要牢固，捋腕與打肩要一致，轉體與下蹲要突然同時，打肩要迅猛。

八、雙手擠按腕控制右旋打放摔

【方法】

我與對方相互對峙（圖7-31）。我進身用兩手托擠對方兩腕於對方胸前，控制住對方兩臂（圖7-32），我突然鬆右手，身體右轉，並用左手向右下橫打對方右肩，使對方向左前傾（圖7-33），倒地（圖7-34）。

【要點】

擠托腕向前上用力，鬆手、轉體、打肩要迅速突然，協調一致。

圖7-31　　　　　　　　　　圖7-32

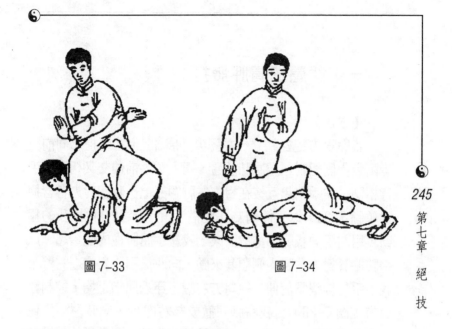

圖 7-33　　　　　　　　　　圖 7-34

第二節　太極推手採肩發打法

採肩發打法是太極推手控制打法之一，是利用對方出手攻擊之機，我一手順式控制住對方進攻之臂，另一手從對方被控臂之腋下伸進向上用力採住對方之肩，然後再運用掤、捋、擠、按、採、挒、肘、靠等方法進行發打對方的一種較常用的技法。

若將此技掌握得當，運用自如，可隨意發打，使對方失去身體重心立刻間跌地或被擲出丈外，以取得勝利。現將採肩發打技法介紹如下：

一、採肩按肩胛發打

【方法】

我與對方相對站立，左腳尖外展45°，右腿提起向前上步兩腳內側相對，並屈膝前弓，兩人右手前伸交叉相搭，手背相貼，左手抬起互按在對方右肘關節上，我與對方各含掤勁（圖7-35，以下簡稱為「雙搭手」）。對方化掉我的掤勁，用右手向我胸部推按而來。我左手屈肘從內側抬起，以手腕貼於對方右腕內側順其來勁，向左後引化對方之右臂，我右手外旋翻掌前伸，從對方右腋下穿過屈指上抬，控制住對方（圖7-36），我右腳回撤成為右虛步，同時左手掛住對方右腕向左、向下、向右旋按於右腹前，右手採住對方右肩向右後回採，使對方產生前傾感（圖7-37），這時對方產生一種抗勁，向後回掙，以調整身體平衡，我借對方之抗

圖 7-35 　　　　　　　　圖 7-36

太極推手秘傳

圖 7-37

圖 7-38

圖 7-39

勁,右手採住對方右肩向上提,以斷對方之根,左手按於對
方右肩胛處(圖 7-38),兩腳蹬地發力,使力傳於兩手,
迅速發力將對方擲出,使對方後摔於地(圖 7-39)。

【要點】

左手貼對方右腕要有沾黏勁,順其力外引而化,並迅速

向左、向下、向右旋按對方右臂同時，右手向後、向上回採對方之右肩，要使對方產生前傾感，推按對方右肩胛要借對方調整身體平衡向後掙勁，推按發力，兩腳蹬地、伸腿、長腰、豎脊、消肩、直腕、展指，使力順暢地從兩手發出於體外，作用於對方身上，將對方發出。發勁時機要準確。

【易犯錯誤】

左手僵硬地只是橫向外格對方右腕，缺乏沾黏之勁和順化、旋按之法，右手進手過慢，沒能及時屈指上抬，採對方之右肩不牢，採肩後缺乏向後和上提之勁，沒能給對方造成前傾跌的感覺，按對方右肩胛進行發打時，發勁不整不暢，或過早過遲。

【糾正方法】

將身體放鬆，平時多練習沾黏順化勁及聽勁的能力，認真研究此招的技術方法和運動過程及要點，平時多做一些直沖按勁的練習，發勁時做到發勁程序正確、身體放鬆，使力順暢發出。

二、採肩後捋發打

【方法】

我與對方「雙搭手」站立（圖 7-40）。對方化掉我的掤勁，用右手向我胸部推按而來。我左手屈肘從內側抬起，以手腕貼於對方右腕內側順其來勁，向左後引化對方之右臂，我右手外旋翻掌前伸，從對方右腋下穿過屈指上抬，控制住對方（圖 7-41），我順對方右手的推按勁，右腳後撤一步，同時左手掛住對方右腕向左、向下、向右旋按於右腹

圖 7-40

圖 7-41

圖 7-42

圖 7-43

力，將對方發出，擲於丈外摔於地上（圖 7-44）。

圖 7-44

【要點】

左手貼對方右腕要有沾黏勁，順其力外引而化，並迅速進右手，使右手迅速從對方右腋下穿過，及時屈指上抬控制住其肩，左手向左、向下、向右旋按對方右臂同時，右手向後、回採對方之右肩，當對方重心向前移出體外時，借機向後捋帶，採肩、轉身、捋帶要協調一致，借勢、借勁旋術，發打時兩腳蹬地，發勁順暢，達於左掌。

【易犯錯誤】

左手僵硬地只是橫向外格對方右腕，缺乏沾黏之勁和順化、旋按之法，右手進手過慢，沒能及時屈指上抬，採對方之右肩不牢，捋帶與採肩勁斷，採肩、捋帶、轉身不相協調，捋帶時機掌握不佳，沒在對方重心移出體外則轉身捋之，捋帶時轉身過慢，發打時勁力不暢。

【糾正方法】

將身體放鬆，平時多練習沾黏順化勁及聽勁的能力，認真研究此招的技術方法和運動過程及要點，多做「鳳凰旋窩步」練習和捋帶旋打練習。

圖 7-45　　　　　　　　圖 7-46

三、採肩轉身捋打

【方法】

　　我與對方「雙搭手」站立
（圖 7-45）。對方化掉我的掤
勁，用右手向我胸部推按而來。
我順對方右手的推按勁，右腳後
撤一步於左腳內側，同時左手屈
肘從內側抬起，以手掌心貼於對
方右腕外側順其來勁，向左、向

圖 7-47

下、向右旋按引化於右腹前，我右手外旋翻掌前伸，從對方
右腋下穿過屈指上抬，控制住對方（圖 7-46），接著，我
左腳前上一步，身體隨之右轉，右手採住對方右肩向右後回
採（圖 7-47），不停，我右腳向後、向左撤步，身體隨之

圖 7-48

圖 7-49

右後轉（圖7-
48），同時右手
採住對方右肩隨
轉體向右後捋帶
對方，使對方根
被拔，而重心向
右前移出體外
（圖 7-49），
我借對方不穩之
機，左手按於對
方後背上，向面

圖 7-50

前旋打發出，將對方擲出丈外，摔爬於地上（圖 7-50）。

【要點】

左手黏腕順勁旋按引化，右手進手要快，進手後及時屈
指上托，控牢對方，上步、撤步要連貫，轉身穩快，採肩與

捋帶要連貫一勁，旋打迅速，發勁順暢，發勁時兩腳蹬地，使勁順暢地傳於左手。

【易犯錯誤】

左手旋按引化時過於僵硬，缺乏黏勁，難於聽勁，易於丟勁，右手進手過慢，不能及時上抬，控制對方右肩不牢，轉身過慢，轉身時右手缺乏採捋回帶之勁，轉身、採捋、旋打不相一致，旋打發勁不整、不順，只是左手臂局部發力，或身體過於僵硬，使勁力不能順暢地發出。

【糾正方法】

身體放鬆，聽準對方之勁的方向和大小，黏住順之引化。認真研究此招的技術方法和運動過程及要點，多做「鳳凰旋窩步」練習和捋帶旋打練習。

四、採肩擠胸發打

【方法】

我與對方「雙搭手」站立（圖 7-51）。對方化掉我的掤勁，用右手向我胸部推按而來；我順對方右手的推按勁，右腳後撤半步，左腳前上一步，同時右手掌黏貼於對方右背外側向右後引化，我左手迅速從對方右腋外側下方前伸並上托，採住對方

圖 7-51

圖 7-52

圖 7-53

右肩（圖 7-52），
當對方右臂被引有前
傾感時，必定向後抽
身以調整身體平衡，
我借對方後抽身之
勁，左臂前穿，前臂
按於對方胸部，右手
按於自己右腕內側以
助發力（圖 7-53），
不停，兩腳蹬地發

圖 7-54

力，使力傳於左前臂，用左前臂向前擠靠對方胸部，將對方
擠跌於地（圖 7-54）。

【要點】

　　換步要穩快，引化對方右臂要順對方的推按勁，進手要
快，採肩要牢，擠靠要借對方後抽之勁，擠靠發勁要整、要

順，發勁時兩腳蹬地、伸腿、長腰、消肩，使肩傳於左前臂。擠靠前左臂要稍上抬對方右腋，以斷其根，抬擠一氣完成，不可間斷。

【易犯錯誤】

換步不穩，被對方抓住反攻之機，引化手過於僵硬，沒順對方之勁，左手進步過慢，採肩不牢，引化手缺乏引帶之勁，沒給對方造成前傾的感覺，擠靠時左前臂貼對方胸部不緊，發勁不整，身體過於僵硬，發勁不暢。

【糾正方法】

換步時，腳步要低，不可高抬，要在對方推按之際進行，不給對方可乘之機，引化對方右臂要黏住對方右臂腕順勁引化，不可硬頂硬撥，進手要快，進手後快速上托，以採牢對方右肩，擠靠對方時，左前臂緊貼於對方胸部，借勁擠靠。

五、採肩擠肋發打

【方法】

我與對方「雙搭手」站立（圖 7-55）。對方化掉我的掤勁，用右手向我胸部推按而來；我順對方右手的推按勁，身體稍向後移右閃，左手貼於對方右肘處，順其來勁向右後引化，同時，我右手從對方右腋內側

圖 7-55

圖 7-56　　　　　　圖 7-57

下方穿過，並
及時屈指向上
托，採住對方
右肩（圖 7-
56），這時對
方因被我左手
引化，身體重
心有前移出體
外的感覺，必
後移以調整身
體，我借此之

圖 7-58

機，右臂繼續前穿並上挎，以斷對方之根（圖 7-57），不
停，我兩腳蹬地發力右臂向前擠靠對方右肋，將對方擠出後
跌於丈外，仰摔於地（圖 7-58）。

【要點】

後移右閃要及時趁對方推按之時進行，引化時右手向右後引按，右進手要快，進手及時上抬，以斷對方之根，右臂上挎對方右腋時臂部緊貼於對方右肋部，前擠發力時兩腳蹬地、伸腿、長腰、豎脊、懸頂、消肩，全身完整一氣，把勁發出去。

【易犯錯誤】

引化時，右手缺乏向後、向右的引按之力，沒順對方的推按之勁進行引化，右手進手過慢，進手後缺乏上挎之勁，右臂上挎時右臂沒能緊貼於對方右肋處，擠推發勁不整，僅僅用右臂局部的力量，左手沒能助力前推。

【糾正方法】

引化注意以左手向後、向右引按對方右肘，右手進手要快，進手後注意及時上挎，上挎時右臂緊貼住對方右肋，向前擠按，擠按時發力要整，注意做到方法正確，按發力程序進行。

六、採肩壓肘發打

【方法】

我與對方「雙搭手」站立（圖 7-59）。對方化掉我的掤勁，用右手向我胸部推按而來。我左手屈肘從內側抬起，以手腕貼於對方右腕內側順其來

圖 7-59

圖 7-60

圖 7-61

勁，向左後引化對方之右臂，我右手外旋翻掌前伸，從對方右腋下穿過屈指上抬，控制住對方（圖7-60），我右腳後撤一步於對方左腳內側，同時左手掛住對方右腕向左、向下、向右旋按於右腹前，右手採住對方右肩向右後回採（圖7-61），接著，我左腳前上一步於對方右腳外側，屈膝與

圖 7-62

對方右腿相貼，隨之左手抬起扶於對方右肩後側（圖7-62），不停，我右肘向上、向前下壓對方胸部，同時左手前下按對方右肩，兩腳蹬地，手肘同時發力（圖7-63），使對方向後跌坐於地（圖7-64）。

圖 7-63

圖 7-64

【要點】

左手黏腕順勁旋按引化，右手進手要快，進手後及時屈指上托，控牢對方，撤步、上步要連貫平穩，右腳上步後要緊貼於對方右腿，左手向前下搬按對方右肩，右肘前下壓對方胸部與左手按肩、兩腳蹬地發勁要協調一致，發勁要整，右肘前下壓對方胸部時，稍有左旋之勁，這樣才能取得較好的效果。

【易犯錯誤】

左手旋按引化時過於僵硬，缺乏黏勁，難於聽勁，易於丟勁，右手進手過慢，不能及時上托，控制對方右肩不牢，換步時身體不穩，上步後右腳沒能緊貼住對方右腿外側，按肩、右肘壓胸，與左腿沒能形成合勁，發勁不整。

【糾正方法】

身體放鬆，聽準對方之勁的方向和大小，黏住對方之腕，順之引化。認真研究此招的技術方法和運動過程及要

點，左腳上步要貼緊對方右腿，按肩、右肘壓胸形成一勁。

七、採肩靠肋發打

【方法】

我與對方「雙搭手」站立（圖7-65）。對方化掉我的掤勁，用右手向我胸部推按而來。我左手屈肘從內側抬起，以手腕貼於對方右腕內側順其來勁，向左後引化對方之右臂，我右手外旋翻掌前伸，從對方右腋下穿過屈指上抬，控制住對方（圖7-66），當對方右臂被引有前傾感時，必定向後抽身以調整身體平衡，我借對方後抽身之勁，右腳向前進步於對方襠前，右腿緊貼對方右腿，左手向左擺掌，右臂伸直於對方後背處，我用右肩靠擊對方右肋（圖7-67），當對方被我靠得站立不穩之際，我右臂向右後橫擊對方後背，使對方向前倒地（圖7-68）。

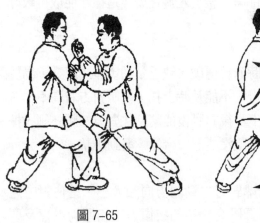

圖7-65

圖7-66

圖 7-67　　　　　　　　圖 7-68

【要點】

　　左手黏腕順勁旋按引化，右手進手要快，進手後及時屈指上托，控牢對方，進身要快，靠擊與右臂向後橫打要連成一氣，不可間斷，橫打時身體隨之稍向右轉。

【易犯錯誤】

　　左手旋按引化時過於僵硬，缺乏黏勁，難於聽勁，易於丟勁，右手進手過慢，不能及時上托，控制對方右肩不牢，進身過慢，右腿貼對方右腿不緊，靠擊與右臂橫打勁力不整。

【糾正方法】

　　身體放鬆，聽準對方之勁的方向和大小，黏住其腕，順之引化。趁對方抽身時，隨之進身並發勁靠擊，靠擊與右臂橫打連成一氣，發出整勁。

八、採肩捌臂發打

【方法】

我與對方「雙搭手」站立（圖7-69）。對方化掉我的掤勁，用右手向我胸部推按而來。我左手屈肘從內側抬起，以手腕貼於對方右腕內側順其來勁，向左後引化對方之右臂，我右手外旋翻掌前伸，從對方右腋下穿過屈指上抬，控制住對方（圖7-70），當對方右臂被引有前傾感時，必定向後抽身以調整身體平衡，我借對方後抽身之勁，左手向下推按對方右腕，同時右臂繼續前伸，屈臂上挎，以斷對方之根（圖7-71）。接著，我上體稍向右轉，同時左手向前推對方右腕，右臂上挎對方右肩向右下捌打對方，使對方向左側傾倒（圖7-72）。

圖 7-69　　　　　　　　　圖 7-70

圖 7-71　　　　　　　　圖 7-72

【要點】

　　左手黏腕順勁旋按引化，右手進手要快，進手後及時屈指上托，控牢對方，挎臂進手要快，上挎時，左手配合下按對方右腕，以起槓杆效應，當對方根被拔時，快速向右捯打，捯打發勁要整。

【易犯錯誤】

　　左手旋按引化時過於僵硬，缺乏黏勁，難於聽勁，易於丟勁，右手進手過慢，不能及時上托，控制對方右肩不牢，上挎時左手沒下按對方右腕，捯打時左手缺乏右轉身體和前推對方右腕，捯勁不整。

【糾正方法】

　　身體放鬆，聽準對方之勁的方向和大小，黏住其腕，順之引化。趁對方抽身時，進手屈臂上挎，上挎時注意按腕，捯打時注意右轉身和前推對方右腕，捯打時兩腳蹬地發力，使力傳於兩手臂。

第三節　太極推手靠打技法

靠打技法是太極推手八法之一，是近身綜合運用全身各部位撞擊對方的方法。「其法分肩背、斜飛勢用肩、肩中還有背，一旦得機勢，轟然如搗錐，仔細維重心，失中徒無功」（《太極拳八法秘訣》）。

靠打技法多用於近距離搏擊。若將此技掌握得當，運用自如，可隨意進身靠打，使對方失去身體重心立刻間跌地或被靠出丈外，以取得勝利。現將靠打技法介紹如下：

一、進步靠肋橫打

【方法】

我與對方相對站立，左腳尖外展 45°，右腿提起向前上步，兩腳內側相對，並屈膝前弓，兩人右手前伸交叉相搭，手背相貼，左手抬起互按在對方右肘關節上，我與對方各含掤勁（圖 7-73，以下簡稱為「雙搭手」）。

對方化掉我的掤勁，用右手向我胸部按來。我左手黏住對方右腕內側，順勁向左後引化其右按掌（圖 7-74）。當對方有前傾感時，必後抽身以調整身體重心。我借對方後抽之勁，右腳進步於對方襠前，右臂從對方後背前伸，同時用右肩靠撞對方右肋部（圖 7-75）。不停，我以右臂向後橫擊對方後背，使對方向前下倒地（圖 7-76）。

圖 7-73

圖 7-74

圖 7-75

圖 7-76

【要點】

　　引化對方右按掌要黏著對方之腕，順其勁向後引，要使對方有前傾的感覺，進步時要隨對方後抽身之際，進身要快，靠擊對方右肋要兩腳蹬地發力，發力要整靠擊快猛，右

臂橫擊對方後背時，要在對方被靠得失去重心的時候橫擊。

【易犯錯誤】

引化黏腕不住，沒有順其勁引之，引化時往往只引沒有外化，不能使對方向前失去重心。靠撞時進步過小，沒借對方後抽身之勁，靠撞時機掌握不佳，與對方形成頂勁。右臂擊對方後背時缺乏橫勁。

【糾正方法】

右手輕貼對方右腕內側，不可過於僵硬，隨勁引化。右腳進步要大，插於對方襠下，順對方後抽身之勢隨進隨靠，右肩靠勁要猛，右臂向後橫擊對方後背時，橫向用勁，趁對方被靠拔根時橫擊之。

二、外引化右肩靠打

【方法】

我與對方「雙搭手」站立（圖7-77）。對方化掉我的掤勁，用右手向我胸部按來。我速用右手黏住對方右腕，順勁向外引化對方右臂，使對方身體前傾（圖7-78）。當對方站立不穩之際，必向後回抽右臂，以調整身體，我借對方後抽手之勁，順勢前按（圖7-79），使對方身體重心移於體外。不停，我趁對方不穩之際，順勁用右肩靠擊對方胸部，將對方靠出，使對方後摔於地（圖7-80）。

【要點】

外引化右手要黏住對方右腕，向右下用力引化，使對方產生前傾的感覺，按、靠對方時要借對方後抽身之際，順勢向前按靠，靠擊迅猛，兩足蹬地發力，使力順暢地傳於右

圖 7-77　　　　　　　　　　圖 7-78

圖 7-79　　　　　　　　　　圖 7-80

肩。

【易犯錯誤】

外引化，勁不橫引下壓，沒順其來勁化之，按、靠不成一勁，發勁不整。按靠勁時沒借對方抽身調整身體之機。

【糾正方法】

外引化時，注意向右、向下領對方右腕，這樣易使對方造成前傾感。按、靠時借對方調整後抽身之機，順之按靠，因對方調整身體重心時，靠之可給對方造成疊加之力，這時對方最不穩，靠之易將對方靠出。

三、捋化進身肘靠打

【方法】

我與對方「雙搭手」站立（圖7-81）。對方化掉我的掤勁，用左手向我胸部按來。我左手向左後方引化開對方之左手，左腳速上步於對方襠前，向前進身緊貼對方，同時右臂向上、向左抬舉於對方左臂肩上方（圖7-82）。接著，

圖 7-81

圖 7-82

我右肘向下猛沉，靠擊對方左胸部（圖 7-83）。將對方靠出，跌坐於地（圖 7-84）。

【要點】

将化要順對方按勁将之，上步要大，進步要快，緊貼住對方，靠肘要向下猛沉勁，發力沉實突然，力撐八面。

【易犯錯誤】

将化對方按勁，沒順勁進行，產生頂勁，或丟勁。肘靠時上步過小，進身過慢，與對方貼身不緊，靠擊時，勁不沉實。

【糾正方法】

将化時注意順對方按勁化之，上步盡量大，將腳插於對方襠下，身體盡量貼靠住對方身體，靠擊時向下沉，勁力向外撐，使力撐八面。

圖 7-83　　　　　　　圖 7-84

圖 7-85　　　　　　　　　　圖 7-86

四、捋化穿臂靠胸打

【方法】

　　我與對方「雙搭手」站立（圖 7-85）。對方化掉我的掤勁，用左手向我胸部按來。我身體右後偏身，閃過對方的按擊，左腳向左上步於對方兩腿後方，並用右手黏住對方左腕向右上引化，同時左臂經對方胸前過對方左臂下向左穿過上挑，以斷其根（圖 7-86）。接著，我左臂向左橫向用力靠擊對方胸部，將對方向後靠倒（圖 7-87），後跌（圖 7-88）。

【要點】

　　閃身、上步、捋化、穿臂要同時完成，閃身要快，上步要大，捋化對方之按掌要順勁進行，穿臂後要及時上挑。靠擊發力要整，左臂橫向發力。

圖 7-87　　　　　　　　圖 7-88

【易犯錯誤】

閃身過慢，上步過小，捋化沒能順勁化之，靠擊發力不整，缺乏一定的橫勁。

【糾正方法】

閃身幅度要小，偏轉身即可，左腳盡量向左上步，右手黏住對方左腕要注意不丟不頂，順勁進行，靠擊時兩腳蹬地，使力順暢地傳於左臂，用勁靠之，左臂向後橫向用力。

五、捋化斜飛式靠打

【方法】

我與對方「雙搭手」站立（圖 7-89）。對方化掉我的掤勁，兩手向我右臂按來。我右臂向上捧化對方兩掌（圖7-90）。接著，我右腳後撤一步，同時身體稍向右轉，成為馬步，左手黏住對方右腕，向右後捋帶，左手從對方右腋

太極推手秘傳

圖 7-89

圖 7-90

圖 7-91

圖 7-92

下前穿進黏其右上臂助右手捋對方右臂，使對方向前有前傾
感（圖 7-91）。當對方前傾時必定向後抽身移身體重心，
我借對方後抽之勁用左臂向左靠擊對方右肋部（圖 7-
92），將對方靠出。

【要點】

捋化對方兩手的按勁，右臂先向上捧，再向右轉身捋化，捋化時撤步、轉身、捋臂動作要協調一致，順勁捋化。靠擊時左臂向左、向上用力挑靠，借對方後掙之勁靠之。

【易犯錯誤】

捋化對方兩手缺乏上捧過程，捋化時轉身、撤步、捋臂動作不相協調，沒能順勁捋化，不能給對方造成前傾倒的感覺。靠擊對方缺乏上挑之勁，沒借勁靠擊。

【糾正方法】

對方按擊時，右臂注意向上捧化不停向右捋化，捧、捋一氣完成，勁力不可間斷，捧捋、撤步及轉身不可分散，要完整一勁，同時完成。靠擊時注意向左上用力，發力完整，由兩足蹬地發力，使力順暢地傳於左臂。

六、進步背折靠打

【方法】

我與對方「雙搭手」站立（圖 7-93）。對方化掉我的掤勁，並順勢向左下捋我左臂（圖 7-94）。我借對方捋我臂之勁，順勢向前進左步，插於對方襠下，成為馬步，並用左肩靠擊對方腹肋部，使對方站立不穩（圖 7-95）。當對方站立

圖 7-93

圖 7-94　　　　　　　　圖 7-95

不穩之際，我左臂肘向後發勁，
將對方靠倒（圖 7-96）。

【要點】

我順對方捋臂之勁，隨捋而
進，進步要大、要快，進步靠擊
與橫臂肘發勁要完整一氣，發勁
快猛。

【易犯錯誤】

進步過慢，沒能隨捋而進，
進身與靠擊脫節，靠擊發勁不
整。

圖 7-96

【糾正方法】

進步即靠撞，靠撞就是進步，進步與靠撞同一動作過程
完成，靠擊時發勁，兩足蹬地發力，使勁傳於左肩及左臂
肘。

七、進步雙分肩靠打

【方法】

　　我與對方「雙搭手」站立（圖 7-97）。對方化掉我的掤勁，用兩手向我胸部按來。我兩臂向裡、向上黏住對方兩臂內下側向外分化（圖 7-98），並向後引對方兩臂，使對方造成前傾感（圖 7-99）。當對方後抽身以調整身體重心時，我借對方抽身之機，順勢進右步，並用右肩靠撞對方胸部

圖 7-97

圖 7-98

圖 7-99

（圖 7-100），將對方靠出。

【要點】

外分對方兩臂，兩手臂要黏住對方臂，順勁外分，進步靠擊動作要連貫成一氣，發勁要整，靠擊要借對方抽身之勁。

圖 7-100

【易犯錯誤】

外分對方兩臂時，缺乏回掛之勁，給對方不能造成前傾感，撞擊、進步不一致，進步過小，撞擊沒能借對方調整身體、重心不穩之機。

【糾正方法】

兩臂外分對方兩臂時，同時注意向後回掛，盡量使對方造成前傾，進步的同時靠撞，靠即進，進即靠。

第四節　太極沾身快摔技法

一、抄腋上捧右旋打快摔法

【方法】

當對方前上左腳一步，同時用兩手固我兩肩欲向我發起進攻；我趁勢右臂從對方左腋下穿進，左手抄於對方右腋下（圖 7-101）。我左手右臂向上捧對方兩腋以斷對方之根

圖 7-101

圖 7-102

（圖 7-102）。當對方兩腳離地時，我身體速向右後轉，同時右臂鬆勁，左手向右側橫向旋打對方右腋下部，使對方向左前側倒地（圖 7-103）。

【要點】

抄對方兩腋要及時快速，並向裡拉，使對方內貼於我胸部，提捧時兩腳用力蹬地，兩腿挺伸，兩臂直向上提捧；橫打要趁對方兩腳離地之機，橫

圖 7-103

打時，鬆右臂與橫打左手要協調一致，橫打要快速有力。

【易犯錯誤】

向上捧對方兩腋時沒將對方拉於自己胸前，兩臂過於前伸，不是直向上捧，兩腳沒用力，兩腿沒有挺伸。橫打時旋

身、右臂放鬆與左手向左橫向旋打不一致，橫打力量不足。

【糾正方法】

平時注意多做兩手上捧練習，練習時注意兩腳蹬地，兩腿挺伸；多做上捧旋摔練習，從中體會要領。

二、固臂肘右側旋打快摔法

【方法】

當對方前上右腳一步，用左手抄我右腋，右臂固我左肩時，我就勢屈右臂將對方左臂固於我右肘窩處，我左臂從對方右肘外側向上反對方肘關節，固住對方右臂（圖7-104）。右臂稍向左橫向用力，使對方產生抗勁；我借對方之抗勁向右後轉體，右臂向右拉對方左肋部，左手向右橫打對方右肋部（圖7-105），使對方向左前側翻滾在地（圖7-106）。

【要點】

右臂固住對方左臂要牢固，左手固對方右臂要反其關節；右臂向左給對方加力要能引起對方產生抗勁；右旋打對方，要借對方之抗勁，旋打時旋轉身體與右手右後拉和左手的向左橫打要協調一致，右手拉帶與左手向右橫打要快速有力。

【易犯錯誤】

右臂裡屈過遲，固臂不緊，左

圖7-104

圖 7-105

圖 7-106

手固對方右肘沒能反對方肘關節，固得不牢；旋打轉身與右手拉帶，左手橫打不夠協調，用勁過散，旋打沒借對抗勁，硬性旋打。

【糾正方法】

當對方一進手就快速屈臂，裡裏用力，及時索臂固肘，固肘要反對關節，平時多看人體解剖圖，要多了解人體結構。多做些後旋步（鳳凰旋窩步）練習。

三、靠胸右側旋打快摔法

【方法】

對方左手黏住我右腕，右臂固住我左肩時，我速進右步於對方左腳外後側，並用右肩靠擊對方左胸（圖7-107）。當對方腳下不穩，受別時，我借機向左轉體，左手上屈於對方上臂向右側橫向用力旋打（圖7-108），使對方向左側倒

圖 7–107

圖 7–108

地（圖 7–109）。

【要點】

右肩前靠對方左胸部與前上右步要及時，協調一致，靠擊有力，造成對方腳下站立不穩，旋打要不失對方腳下不穩之時機，趁機快速旋打，旋打上體右轉與左手橫打要協調，橫打有力。

圖 7–109

【易犯錯誤】

上步過早，靠擊力量不夠，旋打過早或過遲，左臂橫打無力。

【糾正方法】

進身要先用右肩靠擊對方左胸部，趁機上步，上步快速，旋打時注意與上體的旋轉要一致。平時多做橫擺操手練

習。

四、托固兩臂肘右旋打快摔法

【方法】

對方右腳前上步，同時兩臂向我兩腋下穿進；我兩手向裏裹於對方兩肘下反其肘關節向上托對方兩肘，使對方兩肘被控，受制而身體上浮（圖7-110）。當對方腳下無根時，我上體右轉，同時右手鬆勁，並快速向右下帶對方左臂，左手向右橫打對方右上臂（圖7-111）。使對方向左前側傾倒趴於地上（圖7-112）。

圖7-110

圖7-111

圖7-112

【要點】

兩臂裡夾使對方兩臂不能變化，我兩手向裡、向上裹托對方兩肘關節，托肘要反對方兩關節；旋打要趁對方兩腳下無根時快速旋打，旋打與上體右轉要協調一致。橫打有力。

【易犯錯誤】

兩腋夾對方兩臂腕不緊，易被對方抽出或旋轉變化；托肘沒反關節，旋打與上體轉動不相協調，旋打無力。

【糾正方法】

平時多做兩手裹托操手練習。多看人體解剖圖解，了解人體結構。多做些模仿動作練習。

五、靠胸固臂右旋打快摔法

【方法】

當對方兩手按住我兩臂時，我右臂下垂，左手固住對方右臂，同時用右肩貼靠對方左胸部，使對方產生抗勁（圖7-113）。我借對方左胸抗勁，右胸突然放鬆，上體右轉，同時用左臂向右側旋打對方（圖7-114）。我順轉勢後撤右步，使對方向前下側旋摔於地（圖7-115）。

【要點】

右胸前靠頂要引起對方產生抗勁，右胸突然放鬆，放鬆

圖 7-113

圖 7-114　　　　　　　　　圖 7-115

的同時轉體、左手向左旋打對方，轉體、旋打要協調一致，旋打有力，旋打與後撤步要連貫一致。

【易犯錯誤】

右胸前靠對方力量不明顯，不能引發對方產生抗勁，右胸放鬆不突然，右胸放鬆與右旋打不相協調，旋打勁力不足。

【糾正方法】

平時多做些活胸鬆臂和後旋步（鳳凰旋窩步）練習。多做些實戰模仿練習。

六、突然放鬆右側旋打快摔法

【方法】

當對方兩手從我兩臂外側固住我兩肩時，我兩手外撐對方兩臂並向前頂勁（圖 7-116）。當對方要向前抗我勁時，我突然放鬆，使對方腳下根斷，我借機右後轉體，右手向右

圖 7-116　　　　　　　　　圖 7-117

太極推手秘傳

後下方掛對方左臂，左手
同時向右橫向旋打對方右
肩部（圖 7-117），使對
方向左前方旋倒於地（圖
7-118）。

圖 7-118

【要點】

外撐前頂勁要明顯，
能引起對方產生抗勁，當
對方勁上足之後，我突然
放鬆，這樣才能使對方突然失去重心，腳下站立不穩。旋打
對方要借對方不穩之機進行旋打，旋打要有力，與轉體要協
調一致。

【易犯錯誤】

外撐前頂勁不明顯，不能引起對方的注意；放鬆過慢，
不突然，旋打沒找準時機，過遲或過早。旋打力量不夠。

【糾正方法】

多做前傾勁、後旋步練習；經常模仿實戰練習，從中體會技法要領。

七、托胸放鬆右旋打快摔法

【方法】

當對方向前用傾斜勁控我時，我用右手向上托對方胸部，讓對方將勁加足（圖7-119）．我突然抽右手，使對方身體失去平衡，並用左手向右下旋打對方右肩部（圖7-120），使對方向左前滾翻於地（圖7-121）。

圖 7-119

圖 7-120

圖 7-121

【要點】

右手托胸要讓對方形成支撐依賴。右手抽的要突然，抽手、轉體、旋打要協調一致，旋打要有力。

【易犯錯誤】

右手托對方胸部勁力不明顯，使對方勁力沒能加足，右手抽的不突然，轉體、旋打不相協調。

【糾正方法】

多做上捧操手練習，多做旋打練習，多模仿旋打實戰，從中體會動作、技法要領。

八、雙手固肩右側旋打快摔法

【方法】

當對方兩臂從我兩腋下穿進時，我速用兩手向裡用力固住對方兩肩臂，並用右手向左加力（圖 7-122）。當對方產

圖 7-122   圖 7-123

圖 7-124

生抗勁時，我突然放鬆右手，向右後旋轉身步，同時用左手向右橫向旋打對方右肩部（圖 7-123）。使對方向左前側旋跌於地上（圖 7-124）。

【要點】

右臂給對方力要明顯，能引起對方產生抗勁，右手放鬆突然，與右後旋步和左手右側橫打要協調一致，橫向旋打要有力。

【易犯錯誤】

兩手固對方兩肩臂不牢固，右手加勁不夠明顯，右手放鬆不夠突然，旋步旋打不一致。

【糾正方法】

平時多做後旋步旋打練習，多做些實戰模仿練習。

九、固肩臂左側旋打快摔法

【方法】

當對方前上左步用兩手推我胸部時，我速進右步於對方襠前，速左轉身體化掉對方來勁，用右手左捋帶對方左臂，

圖 7-125

圖 7-126

我右臂固住對方左肩（圖
7-125）。臀部向右後上頂
對方小腹部，同時右臂向前
下用力旋打對方左肩部（圖
7-126），使對方向前旋翻
於地上（圖 7-127）。

圖 7-127

【要點】

　　轉身化勁要及時，上步
要在對方勁失去著力點時上
步，上步要快速，捋臂與右臂旋打對方左肩和臀頂對方小腹
部要協調一致，快速有力。

【易犯錯誤】

　　轉身化解對方來勁過早或過低，較慢，上步不及時，捋
臂、打肩與頂臀不協調。

太
極
推
手
秘
傳

【糾正方法】

多做胸部揉化練習，多模仿實戰動作進行練習，以體會勁道和技法要領。

十、固臂頂臀旋打快摔法

【方法】

當對方欲進右手於我左腋下時；我速前靠左胸頂住對方右胸，並用右手托固住對方肘部（圖 7-128）。我左腳前上步於對方襠前，上體右轉，同時用左臂向前下旋打，並用臀部向後上頂對方小腹部，右手向右下掛帶對方左臂（圖 7-129）。使對方向左前側旋翻於地上（圖 7-130）。

圖 7-128

圖 7-129　　　　圖 7-130

【要點】

前頂胸要及時，右手固對方左肘要牢固，要在控制住對方時上步，轉體、掛帶臂、打肩、頂臀要協調一致，頂臀要快速有力。

【易犯錯誤】

沒能控住對方，上步過早，頂臀時沒有轉體掛臂，沒有打肩，動作不夠協調。

【糾正方法】

平時多做固手練習，多模仿實戰動作，從中體會動作要領和實戰技法。

第五節　太極發勁遠放快摔法

一、雙臂鬆化推胸發放法

【方法】

當對方右腳在前，用兩手按於我兩上臂上推我時，我右腳在前，兩臂放鬆，化掉對方來勁（圖7–131）。當對方前推失去支撐點而站立不穩，向後移重心調整身體時，我借對方後移之勁，兩掌按於對方胸部（圖7–132）。向前上發力，將對方向前發出（圖7–133），後仰摔於丈外（圖7–134）。

【要點】

化對方推按勁要及時，兩手要有回帶對方兩臂之意，使

圖 7-131

圖 7-132

圖 7-133

圖 7-134

　對方產生前傾感，迫使對方向後調整身體，借對方之力，順
勢向前推按，推按要及時，推按向前上用力，發勁順達，力
達手指。

化解對方來力過早或過晚,兩臂僵硬。發放對方時沒借對方後移之勁,用僵勁硬推,力向平直,發勁不順達。

【糾正方法】

兩上臂聽準對方來勁,當勁作用在臂上時,突然放鬆。發對方時,要在對方後移調整身體重心時發之,發勁時身體放鬆,這樣才能使勁順暢發於兩手,作用於對方身上。

二、臂化回掛推胸發放法

【方法】

對方右腳在前,用兩手推按我兩上臂時,我右腳在前,兩前臂從對方兩臂內側,稍向外撐(圖7-135),並順對方來勁向後回掛對方兩臂,使對方有向前傾感(圖7-136)。當對方後抽兩臂調整身體重心時,我借對方後抽臂之勁,順

圖7-135

圖7-136

圖 7-137

圖 7-138

勢向前上推按對方（圖 7-137），將對方發出，使對方向後
仰摔於丈外（圖 7-138）。

【要點】

回掛帶對方兩臂要及時，使對方有前傾不穩的感覺，以
引起向後抽臂產生回掙之力，我借對方回掙力，順勢發勁，
發勁順達，力達兩手十指。

【易犯錯誤】

回掛對方兩臂過早或過晚；發放對方時勁力過於平直，
發力不順。

【糾正方法】

回掛對方兩臂要在對方之勁將盡未盡之時，順勁回掛；
發放對方時身體放鬆，臀部裡收，這樣則可將力順暢發出。

圖 7-139　　　　　　　　　圖 7-140

三、臂化控肘前挺臂發放法

【方法】

對方兩手按於我兩臂肘窩部，前上右腳（圖 7-139），向前推我時，我兩手順勢從對方兩肘外下側，向裡上托對方兩肘，控制住對方兩臂（圖 7-140），接著我兩腳發力向前上挺勁，以斷對方腳下之根（圖 7-141）。我借對方腳下站立不穩之際，兩手向前送勁，將對方發出，向後仰摔於丈外（圖 7-142）。

【要點】

上托對方兩肘要在對方兩掌推出、臂展直時進行，托肘要反對方關節，兩上臂並向前挺勁前送，以斷對方之根基，當對方腳下根基不穩時，兩手向前送勁，送勁順達。

【易犯錯誤】

控肘上托沒反關節，前發對方時，上臂沒有前送勁，挺

圖 7-141　　　　　　　　圖 7-142

臂送勁與兩手前送勁間斷。發勁不整。

【糾正方法】

　　要掌握人體關節情況，在對方兩臂展直時從肘關節下向上托，托肘時上臂前挺勁、前挺勁與兩手前送勁要協調一致，連成一體，整勁發出。

四、臂鬆化前挺送發放法

【方法】

　　對方前上右腳一步，用兩手按於我兩上臂上推我（圖7-143）時，我兩臂突然放鬆以化解對方來勁（圖7-144）。當對方感覺前傾不穩，調整身體平衡時，我兩手從對方兩肘下向上托住對方兩肘，向前上送勁，以斷對方兩腳之根（圖7-145），借對方身體不穩之際，兩手向前送勁，將對方向前推出，使對方後仰摔於丈外（圖7-146）。

太極推手秘傳

圖 7-143

圖 7-144

圖 7-145

圖 7-146

【要點】

　　兩臂化解對方推按要突然放鬆，使對方突然失去支撐點而失控，造成身體不穩，托肘、挺勁、前送勁要協調一致，發勁要整，勁力順達。

圖 7-147

圖 7-148

【易犯錯誤】

　　兩臂化解對方時不突然，使對方有所覺察，托對方兩肘，與前挺臂及兩手前送發勁過散，有所間斷，勁不順達。

【糾正方法】

　　當對方前推我兩臂，並形成支撐依賴時，我突然放鬆，這樣才能收到斷對方之根的效果，托肘、前挺、前送發勁按一個完整動作去做，才能形成整勁。

五、外掛化兩手推胸發放法

【方法】

　　對方右腳前上一步，兩手按於我胸部。我兩臂搭於對方兩臂上方（圖 7-147）。當對方用力向前推我胸部時，我順對方之來勁，兩臂向裡、向下從對方兩臂內側外掛並回帶化解開對方之攻勢（圖 7-148），當對方失去著力點，站立不

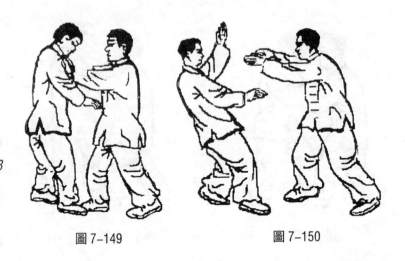

圖 7-149　　　　　　圖 7-150

穩時，我兩肘下沉，兩手按於對方胸部，發力前推（圖7-149），將對方發出，使對方向後仰摔於丈外（圖7-150）。

【要點】

外掛化解對方來勁要及時，外掛時並要有回帶之勁，使對方站立不穩，趁對方站立不穩之機，兩手發勁，發勁要完整一氣，勁順力達。

【易犯錯誤】

外掛對方兩臂時，只是僵勁外分，沒有回帶之意。發勁過散，不是時機，或過早過晚。

【糾正方法】

外掛分化對方兩臂，要順其勁邊化、邊分、邊帶，這樣才不至於硬向外分。發勁時，兩腳蹬地，身體放鬆，才能使順暢，而完整一體。

六、鬆化進步前上發放法

【方法】

我用兩手按於對方胸部，對方向前用力抗我之推力（圖7-151），我兩手突然放鬆，向前進步（圖7-152），接著，我腳向下蹬地發力，使力作用於對方胸腹部，將對方推飛騰空（圖7-153），使對方向後仰摔於丈外（圖7-154）。

【要點】

兩臂放鬆要突然，使對

圖7-151

圖7-152

圖7-153

圖 7-154

方向前傾跌，而使身體不穩，在對方站立不穩之際進身，發力要整，要順達。

【易犯錯誤】

放鬆不能造成對方前傾，站立不穩，進步過慢，不能貼近對方，發勁時身體過於僵硬，發力不順暢，不能將對方發出。

【糾正方法】

開始推對方胸部時逐漸加力，使我兩手成為對方向前的支撐點，然後我突然放鬆，使對方突然失去支撐點而站立不穩，借機上步，上步要大，發力時身體放鬆，將勁發透。

七、下按前上雙推掌發放法

【方法】

我兩手按於對方胸部，向下用力，使對方有一種被按的

圖 7-155

圖 7-156

圖 7-157

圖 7-158

感覺，引其向上起身產生抗掙力（圖7-155），我突然改變
用力方向，順其抗掙之勁向前上用力，推對方胸部（圖7-
156），將對方推出（圖7-157），向後仰摔於丈外（圖7-
158）。

【要點】

按、推要變化多端，隨勁而施，順勁而用，發勁時身體放鬆，將勁順暢地發出，使力達兩手十指尖。

【易犯錯誤】

兩手不能隨勁而變，發勁時身體過於僵硬，使勁不能順達地發出。

【糾正方法】

平時多練習聽勁，要懂勁的變化規律，才能做到手隨勁而變；發勁時注意身體放鬆，發勁意遠，這樣才能將勁吐盡，產生好的發放效果。

八、雙手推臂前上發放法

【方法】

我兩手按於對方兩上臂上，將對方兩上臂按固於其兩肋部，使對方不能變化（圖7-159），我前腳向前上一大步，貼近對方，將勁儲足（圖7-160），然後，兩腳蹬地發力，兩手前上推對方胸腹部，將對方推飛（圖7-161），使對方向後仰摔於丈外（圖7-162）。

【要點】

兩手前推對方兩上臂時，除有向前的力，也要有向裡的力，將對方兩上臂按固於兩肋部，在控制住對方後再向前進步進身，發力身體放鬆，發力順暢，力達於兩手。

【易犯錯誤】

推對方兩臂時只有向前的力而沒有向裡的力，對方兩臂沒能固死，仍能變化，隨時化我之勁；發力時身體過於僵

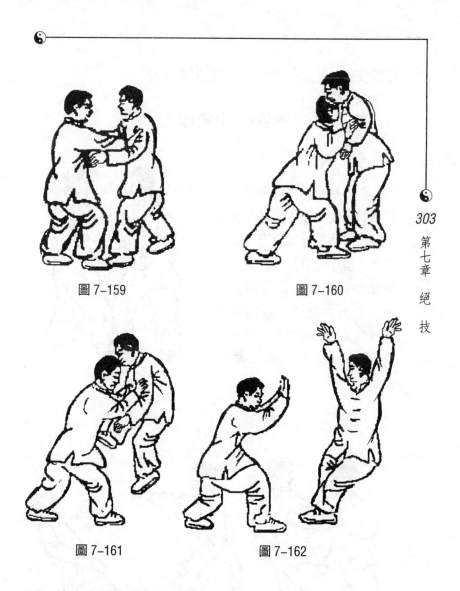

圖 7-159

圖 7-160

圖 7-161

圖 7-162

硬，使力在傳遞過程中受阻。

【糾正方法】

　　推對方兩上臂時注意向裡用力，使對方兩上臂緊貼於兩肋部，這樣才能將對方兩上臂固死，發力時注意放鬆，使力

順暢發出。發勁意遠而長，才能將勁吐盡。

九、捋腕挑腋前沖發放法

【方法】

對方左掌向我腹部推來，我順其來勁，左手黏其左腕向後捋之，我左臂從對方左腋下前伸（圖7-163）。當對方向後抽左臂時，我借其勁向前上挑對方左腋部，並向前發前沖勁（圖7-164），將對方向後發出，放於丈外（圖7-165）。

圖7-163

圖7-164　　　　　　圖7-165

【要點】

後捋對方左臂，右手要黏住對方左腕部，順勁向後回捋，當對方有前傾感，向後抽臂欲調整身體平衡時，借勁向前上挑其腋部，挑腋發力要順暢，力達左手。

【易犯錯誤】

後捋對方左臂時，右手不能黏住其腕，後捋時不能順其勁，相互抗爭；挑腋不能借對方抽手之勁，硬用勁前挑，不能產生發放效果。

【糾正方法】

右手輕貼於對方左腕部，注意聽勁，根據對方的勁力方向、大小順而捋之；挑腋要在對方向後用力抽手臂時進行，挑腋向前上用力，這樣才能將對方放出，產生好的發放效果。

十、單手按鬆前推發放法

【方法】

我左手按於對方胸部，向前用力，引起對方向前產生抗勁，使對方形成以我左手為支撐點（圖7-166），我突然放鬆，使對方失去支撐點而站立不穩，我借對方站立不穩之機，左手突然向前上發放前沖勁（圖7-167），將對方向後仰摔於丈外（圖7-168）。

圖7-166

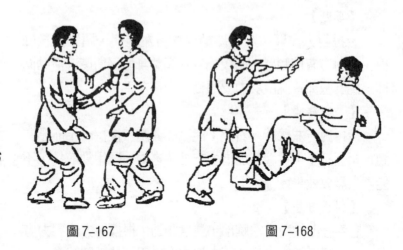

圖 7–167　　　　　　　　圖 7–168

【要點】

　　左手前按對方胸部時，能使對方產生向前的支撐依賴，放鬆要突然，發勁時身體要放鬆，發力要順暢，力達左手。

【易犯錯誤】

　　左手按對方胸部，放鬆不夠突然，向前上發勁時沒趁對方的站立不穩，硬向前推。

【糾正方法】

　　放鬆時要使對方預想不到，發勁時身體放鬆，兩腳蹬地，意遠力長，這樣才能將勁發透吐盡。

十一、抖化單手前沖勁發放法

【方法】

　　對方兩手固住我兩臂，向前推我時（圖 7–169），我兩臂突然抖動，使對方不能找到我之勁的方向，而化解掉對方

圖 7-169

圖 7-170

圖 7-171

圖 7-172

時固我之臂，我左手向外分對方右手，右手按於對方左胸部
（圖 7-170），兩腳蹬地發勁，右手向前上用勁（圖 7-
171），將對方發出向後放於丈外（圖 7-172）。

【要點】

抖化兩臂動作頻率要高，幅度不可太大，將對方晃散後用右手推其胸，用力向前上方，勁力要順達，力達右手。

【易犯錯誤】

抖化動作過大、太慢，發力不流暢，勁力不整。

【糾正方法】

兩臂無規則快速抖動，發力由兩腳蹬地，身體放鬆，使力傳於手，達於手指，這樣才能發出順整之勁。

十二、雙手鎖臂前下按發放法

【方法】

我兩手向裡疊捆對方兩臂於胸前，我兩手按固於對方兩肘臂上（圖 7-173），我速向前上左腳一步，同時兩手用力向前下推按對方兩臂，使對方後跌（圖 7-174）、仰摔於地

圖 7-173

圖 7-174

圖 7–175

（圖 7–175）。

【要點】

鎖臂要牢固，上步要快速，向前下發力勁要整，兩腳蹬地，使勁力流暢順達。

【易犯錯誤】

鎖臂不緊，上步過慢，發力散，不夠流暢。

【糾正方法】

將對方兩臂向裡屈，緊按貼靠於胸部，這樣才能鎖緊；前下發力由兩腳蹬地發力，身體注意放鬆，使力流暢地傳於兩手，這樣發勁才完整一體、流暢順達。

太極推手秘傳

第八章 競 技

第一節 賽場的情緒控制與激發

一、情緒控制關係到賽場發揮的優劣

　　賽場競技，輸贏在於一搏之間。進入 6 公尺賽圈者，莫不欲拼盡全力以戰勝對方，贏得勝利，此乃理所當然。參加比賽就是為了取勝。為此一搏就犯了賽場之病，精神緊張，肌肉緊張，其結果正中盛、竭、衰之大病。功夫再好，失敗已成必然。

　　所以，競賽雙方腳步一邁進賽圈，已箭拔弩張，毛髮直立，彼來我往，抑揚伸縮，展轉纏繞，或堅守營壘或乘對方之疏忽而置對方倒地出圈而後快。勝負分曉之際，雙方功夫高低，拼搏精神之發揚，以及素日訓練之勤怠，全在此幾分鐘的較量中展現出來。勝負之別，除取決於功夫的高低外，

尚取決於雙方精神狀態的優劣。臨場情緒穩定與否，往往關係技術水準發揮正常與否。

賽場老手總是能把自己怕緊張情緒調整到最佳狀態。或進或退，或緩或急，靜之以守，動之以攻，鬆以待時，緊以掤發，剛亦寓柔，柔亦寓剛，陰中有陽，陽中有陰，剛柔相濟，陰陽互生，靜若處子，動如脫兔，變轉靈活，莫不操持主動。若情緒不佳，精神緊張，則進退失當，緩急無序，當守不靜，當攻不動，鬆緊失度，陰錯陽差，將何以取勝。

臨場之際，首以情緒控制為第一重要。控制情緒當以全身放鬆，心意平靜為準。心靜則神清，神清則手運足移，四肢百骸，招招式式運用得當。拳諺云：意帥昏聵，則軍不成伍，上不馭下，下不從上，亂紛紛無可統馭，其潰散不可收拾，焉有不敗之理。

二、控制雙方情緒與節奏的方法

（一）自我調整緊張情緒

臨場首要謙虛謹慎，溫文爾雅。賽場競技爭強鬥狠，必須謙恭溫和態度相處之，才可自全。能自全而後能克敵制勝。無以自全，何以克敵？即使自認為功夫高於對方，也應保持勤謹謙恭，奉師求教，抱著向對方學習的心情。不要把比賽當作比賽，如此心境才會平靜。

如果你把比賽看得過重，會增加心理負擔，造成思想壓力，使肌肉緊張，技術水準無法發揮。要知道出手就有三分險，即使你的功夫高人一籌，也未必能穩操勝券。而出手妄

動時，說不定破綻百出，勢盡力竭再被對方抓住時機乘勢而入，挫傷銳氣，先失一招。於是更加心急氣躁，企圖扳回局面，豈知一急一躁，窮追猛打，或將再度失誤，為人所乘，一失再失。如對方未抓住時機，躲閃開去，然而自己的體力已大量消耗，制勝信心已去。此時對方發起攻擊，將怎樣保全自己？

（二）控制對方激發情緒

善戰者不僅能控制自己怕緊張情緒，而且能控制對方的情緒。如對方一上場，就精神激發，攻勢凌厲威猛，如狂風捲地，驟雨襲來。我則應以沉、靜、慢，左避右閃，避其鋒銳，磨其意志，去其氣，避其力，以待時機。

對方盲目出手必有疏漏之處，一旦對方露出破綻，抓住機會，且不馬上精神激發變快節奏，企求速勝，仍以鬆靜慢慢地控制對方，使對方的破綻擴大變為背勢，由小背勢到大背勢，俟對方敗象畢露則猝然爆發，以山崩地裂摧枯拉朽之勢擊垮對方，不倒不回，不敗不歸，勢必令對方倒地出圈決不罷休。使對方又懼又怕，自覺功夫不行。

如果對方進攻又快又猛，自己不能鎮定控制情緒，受到對方催迫激將，強起迎戰，以剛猛對剛猛，至成較力頂抗之勢，則勢必先而氣盛，繼而力竭，勢必氣衰力微。此時雖有心爭勝，則力不從心。即使對方有了破綻，也無能為力，控制不住對方，氣喘不已，又有什麼力量發起進攻呢？此時欲精神激發不起來，何談取勝？此乃為蠻勇，取敗之道。所以，欲於賽場爭取勝利者，萬不可走盛、竭、衰的失敗之路。先由慢起，巧於周旋，調整好自己的情緒，控制住對方

的情緒，抓住機會，突然變化打鬥節奏，以奪取勝利。

三、精神激發在什麼時候最好

盛、竭、衰之所以不可取，是因其上場之初便求快而力拼，不幾時就已耗竭體力，後來則只有招架之功，而沒有還手之力，甚而連招架之功也衰失殆盡，豈不由人擺布而敗下場來，悔恨之餘痛不欲生，又怪誰呢？

所以，臨場對抗中，情緒的控制不可輕視，精神激發的時機的把握尤為重要。常言道：出其不意，後發先至。在對方進攻時，要鬆靜沉著，以鬆、慢、長勁把自己的情緒調到最低限度，不動聲色，與對方周旋，以不失無偏來控制對方，避其勢頭，令對方擊打不著，且不知你什麼時候發動進攻。所謂動之於九天之上，藏之於九形之下。善戰者莫不善於守；善守者，以隱而無形為上。動於內而隱於外，剛於內而外顯鬆柔，極鬆柔而後能極堅剛。鬆柔用於周旋，消耗對方體力，與對方輾轉之中窺伺對方的破綻。破綻一出即乘機抓住，使對方背勢擴大，轉守為攻，迅速激發，瞬間把精神激發至極，將全部力量發放出來。不打則已，打則必令其倒地出圈，不倒不停，不敗不收。要有風捲殘葉，電閃雷鳴，迅雷不及掩耳之勢，堅剛威猛，凌厲無情。如此一擊，致使對方心顫膽寒，神渙形散，不可振作。由此賽場主動權為我所掌握。可攻無不克，戰無不勝。

第二節　賽圈意識

賽圈意識是培養運動員在賽圈裡的距離感，根據所處的位置作出相應的攻防策略。賽圈意識強者，能在打鬥中準確判斷彼此雙方處在什麼位置，相機轉換攻防態勢，適時調節鬆緊快慢節奏，巧妙運用技術和戰術水準的廣闊天地。除了各自的功力大小之外，有無賽圈意識是決定勝負的關鍵。

賽圈直徑 6 公尺，半徑 3 公尺，總面積 28.26 平方公尺。邊線是勝負輸贏的分界線。這個範圍既是對雙方的限制，又是雙方發揮技術水準的廣闊天地，除了各自的功力大小之外，有無賽圈意識是決定勝負的關鍵。

6 公尺賽圈由中心向外輻射，半徑 3 公尺。競技雙方由中心點發動，不論向哪個方向退出一步，以步幅為 50 公分計，則向後距離邊線尚有 2.5 公尺；再退兩步，則前方有 5 公尺之廣，而背後則僅有 1 公尺之距，場上形勢對後退者極為不利，這是顯而易見的。此時，如果缺乏賽圈意識，不採取攻防措施，改變劣勢處境，則對方一旦發起進攻，極易被推出圈外，造成失分。所以，樹立賽圈意識是決定勝負、掌握賽場主動權的關鍵。

一、強化二圈意識

根據以上對於賽圈的分析，在平時訓練中和場上比賽都要強化二圈意識。所謂二圈，就是在 6 公尺賽圈之內，確定

一個攻防轉換的臨界點，此點距中心 2 公尺為最佳。以這個臨界點圍繞中心作圓周，即為二圈範圍。二圈以內距中心 2 公尺，以外距邊線 1 公尺。由二圈線至邊線的中間地帶，我們稱之為臨界圈。從策略是講臨界圈可稱為雙方必爭之要地，此處的戰術、技術水準發揮如何，與勝敗關係極大，應高度重視，不可疏忽。既要有策略上的運籌，又要有戰術上的運用。得失勝敗之所繫，不可不認真研究。其具體方法如下：

自中心發動時起，不論向哪個方向進退輾轉，在二圈以內應以鬆柔圓活不失中和與敵周旋，不與對方頂抗，也不輕意發勁，如果沒有把握打倒對方，就不要輕意發勁，以節省體力，一俟到了二圈以外的臨界圈，就應採取相應的攻防措施，或轉守為攻，或驟然變快節奏，精神激發，將對方擊打出圈。此時發勁能比較容易將對方擊出圈外，收到事半功倍的效果。如果從中心一開始就加快速度，猛打狠推，臨到邊圈死亡線上則體力衰竭，沒法再加大打擊力度，如對方擊過來，將何以自處，豈不是盛、竭、衰的死路，實不可取。

二、打二圈的戰術

打二圈，就是在二圈上或臨界上實施打擊手段，或掌握主動權將對方推出圈外，或打倒在地。這時有兩種戰術運用：

（一）防守型打法

防守型打法就是在二圈線上依然以防守為主，此時距邊

太極推手秘傳

圈尚有 1 公尺之距，還有一兩步的回旋餘地，仍可背對邊圈將對方引誘接近邊圈。對方或以為臨近邊圈，發勁打我，我則掤化來力，迅速轉動身體，將對方放出圈外。對方來不及走化，則腳已出圈，這時需要瞬間完成化發動作，不可猶豫。若對方沒出圈，還可以二次發勁，直至將對方推出圈外為止。

（二）進攻型打法

進攻型打法同樣是在 4 公尺二圈以內與敵周旋，引誘對方到二圈線上或臨界邊圈見風使舵，則轉守為攻，轉動身體與對方調換位置，使對方背過邊圈，迅速精神激發，實施打擊手段。這時需要儘快打敗對方，不可拖延，爭取在三秒鐘以內將對方推出圈，或打倒在地。

三、二圈並非固定不變的

我們畫定了二圈的範圍，但是二圈並不是一成不變的，應視對方的實力情況相應調整二圈的大小。若對方實力較弱，可以將二圈範圍擴大到邊圈附近。若對方實力較強，就要充分留有餘地，想方設法縮小二圈範圍，以免在臨界圈內被對方沖垮。

總之，二圈是雙方必爭之地，要在二圈之內作好技術和戰術上的運用，以便掌握賽場主動權。太極推手功夫的基本間架，兩手不離心，兩肘不離肋，是賽場推手較為理想的間架姿勢，便於各種發勁打擊手段的運用，且有較好的防守性能，對於掌握賽場主動權大有裨益。

第三節　戰術應用

推手戰術，是根據比賽雙方的各種具體情況，為戰勝對方而採取的計謀和方法。

推手戰術的形成與運用是建立在一定的身體、技術、心理、智能基礎之上的。同時推手戰術的培養反過來對運動員的身體、技術、心理、智能的訓練水準有較好的促進作用。

推手比賽十分講究「鬥智、鬥技、鬥勇」。而戰術應用的過程就是一個「鬥智」的過程。它有利於促進運動員智能的發揮與提高。

推手比賽和作戰一樣，要戰勝對方，首先要了解對方，兵法云：「知己知彼，百戰不殆。」否則，制定的戰術就沒有針對性，就會陷入盲目的冒險之中。

戰術設計之前應了解對方的以下情況：

一是要了解對方的技術狀況。了解對方善用什麼技術，是善用擠還是善用按等。對方有哪些弱點，是化勁差還是聽勁差還是發放技術差等。

二是要了解對方屬於哪種攻防類型，是主動進攻型還是防守反擊型還是能攻能守的綜合型。

三是要了解對方的動態類型，看他是力量型還是技術型。

四是要了解對方的身體素質情況，看他是力量大還是反應快還是耐力好還是速度快，還是協調性好。

應根據對方情況的不同制定出不同形式的戰術與之相適

應。其常用的戰術大體有以下幾種形式：

一、強攻戰術

強攻的戰術是硬性突破對方的防守後發出的攻擊。常在自己力量、速度、耐力素質比較好，技術不如對方，或身體素質好，技術比較全面，經驗不足，或對方的進攻能力比較差或對方耐力比較差，或對方的心理素質比較差時運用。以透過強攻的手段揚己之長，實現擊敗對方的目的。

二、直進戰術

直進戰術是指在沒有虛晃及假動作的掩護下，直接進攻對方的方法，常在對方反應速度、動作速度、移位速度不如自己快，或對方攻防不熟練，或對方體力不足，或對方的防守姿勢出現空隙，或對方的距離能使我有效地使用進攻動作時運用。

三、佯攻戰術

佯攻戰術是有目的地造成對方的錯覺，把對方引入歧途，實現真正進攻。

在推手比賽中，佯攻是較常用的戰術。在運用時常用指上打下，推左打右等假動作，以轉移和分散對方的注意力使對方產生錯誤的判斷和反應，被我所利用，為自己創造進攻機會，提高進攻率。

四、迂迴戰術

迂迴戰術是利用步法的移動從另一面進攻對方的戰術。常在對方力量大、正面或側面攻擊力強時，採用此戰術。向左右兩側移步可以避其鋒芒，又可以製造戰機。

在步法的移動過程中，要注意移動的方向、角度、距離，要注意進攻的時機，更要注意步法的突變性和身體的靈活性。

五、反擊戰術

反擊戰術是待對方發出進攻動作後，在防守的過程中反擊對方。遇到性情急躁、缺乏比賽經驗、喜歡強攻的對手時，常運用此戰術。

運用時要以主動進攻掩蓋自己反擊戰術的意圖；同時刺激對方使其更加急躁，為反擊創造條件。

六、邊線戰術

邊線戰術是利用比賽規則和圈線條件，使對方出圈和踩邊線的戰術。常用前沖出圈和引化出圈兩法。

前沖出圈就是牽動對方後，抓住時機直線向前或用力量迫使對方後退出圈。引化出圈必須借用對方的沖力，充分利用自己的聽化技術，在最短的時間裡判斷出對方用力的方向，將對方引進落空跌出圈外或踩踏圈線。

七、體力戰術

體力戰術是由合理地分配體力以取得比賽勝利的戰術方法。採用體力戰術，就是在一場兩局的比賽中合理分配體力，既不「虎頭蛇尾」，也不一味地保守，使比賽結束後還保持有一定的體力。

每局用多少力要根據情況而定。如果對方技術較差，可以保持體力以技術而取勝；如果對方技術好，可採用消耗對方體力的方法取勝；如果雙方實力相當，應做好打持久戰的準備；如果對方耐力差，就應打體力消耗戰，連連進攻不給對方喘息之機，迫使對方體力快速下降，以奪取勝利。

第四節　規則摘要

根據 1994 年中華人民共和國體育運動委員會審定的《武術太極推手競賽規則》，結合太極推手愛好者訓練、比賽的實際需要，現將與推手愛好者密切相關的主要條款摘錄如下，僅供平時訓練和參賽時參考使用。

一、體重分級

根據《武術太極推手競賽規則》第一章通則第四條體重分級規定，體重可分為：48 公斤級（48 公斤，含 48 公斤以下）、52 公斤級（48 公斤以上至 52 公斤）、56 公斤級

（52 公斤以上至 56 公斤）、60 公斤級（56 公斤以上至 60 公斤）、65 公斤級（60 公斤以上至 65 公斤）、70 公斤級（65 公斤以上至 70 公斤）、75 公斤級（70 公斤以上至 75 公斤）、80 公斤級（75 公斤以上至 80 公斤）、85 公斤級（80 公斤以上至 85 公斤）、85 公斤以上級共十個級別。

二、稱體重

根據《武術太極推手競賽規則》第一章通則第五條規定：體重由檢錄組負責稱量。

運動員在賽前兩小時內到指定地點稱量體重，並在一個小時內稱完，逾時作該場棄權論。稱量體重時先由體重輕的級別開始，如體重低於所報級別的，仍按原級別比賽；如體重超出原報級別，在規定時間內降不到原級別時，則不準參加比賽。運動員經過健康檢查和稱量體重後，即進行抽簽，遇到特殊情況應經大會批准。

三、太極拳考核

根據《武術太極推手競賽規則》第一章通則第六條規定：比賽前運動員必須參加一項太極拳考核，考核分數不足 8 分者，取消參加太極推手比賽資格。

四、競賽中的禮節

根據《武術太極推手競賽規則》第一章通則第七條規

定：運動員進場後，站在主裁判員兩側，面向裁判長。介紹運動員時，被介紹者應立正姿勢向觀眾行抱拳禮，然後行相互抱拳禮。每場比賽結束時，運動員在聽候主裁判員宣布比賽結果後，先向裁判員行抱拳禮再互相行抱拳禮，方可退場。

五、競賽局數和時間

根據《武術太極推手競賽規則》第一章通則第九條規定：每場比賽兩局，每局淨推 3 分鐘，局間休息 1 分鐘。

六、競賽中的信號

根據《武術太極推手競賽規則》第一章通則第十條規定：每局賽前 5 秒鐘，計時員鳴哨通告準備；鳴鑼宣告每局比賽結束。

七、比賽的方法和攻擊部位

根據《武術太極推手競賽規則》第三章裁判方法及評分標準第十六條規定：第一局右腳在前互搭右手；第二局互換場地，左腳在前互搭左手。

每局開始時，運動員上同一側腳成自然步，前腳踩於中心點，搭好手。當場上主裁判員發出開始信號後，以「掤、捋、擠、按」手法及相應的步法，在左、右各畫兩圈後，即可進攻對方。攻擊部位限於頸部以下、恥骨以上軀幹和上肢－

部位。

八、得 分

　　根據《武術太極推手競賽規則》第三章裁判方法及評分標準第十七條規定：在比賽中一方累計分數超出對方達 15分時，為該場勝方。一方受罰 4 分時，判對方獲勝。在一局比賽中，一方出現兩次得 5 分動作即為該局勝方。比賽中因對方犯規造成受傷，經醫生檢查不能繼續比賽者，判受傷方獲勝。比賽中因傷不能堅持比賽者，判對方勝。比賽中運動員或教練員要求棄權時，判對方獲勝。比賽中凡不會以「掤、捋、擠、按」的手法和相應的步型打輪者，則取消其比賽資格。

　　使對方出圈得 1 分。雙方先後出圈，後出圈者得 1 分。牽動對方雙足移動者得 1 分。兩次消極，對方得 1 分。凡違反「侵人犯規」中的 1～5 條之一者，給予勸告，對方得 1分。凡違反「技術犯規」中的 1～3 條之一者，給予勸告，對方得 1 分。雙方先後倒地，後倒地者得 1 分。警告一次，對方得 2 分。凡違反「侵人犯規」中的 6～7 條者，給予警告，對方得 2 分。一方倒地站立者得 3 分。使對方出圈倒地得 4 分。凡用「八法」技術，方法清楚地發放對方倒地者得4分。凡運用「八法」技術，方法清楚地發放對方出圈並倒地者得 5 分。

　　雙方同時出圈或倒地不得分。雙方對頂超過兩秒鐘不得分。凡不使用「八法」技術進攻對方者不得分。

九、犯　規

根據《武術太極推手競賽規則》第三章裁判方法及評分標準第十八條規定：

1. 使用硬拉、硬拖、摟抱或用腳勾、踏、絆、跪者；
2. 故意造成對方犯規者；脫手發力撞擊者；
3. 單、雙手抓住對方衣服或雙手死握對方者；
4. 未發口令即進攻對方或已發「停止」口令後仍進攻對方者；
5. 使用拳打、頭撞、撅臂、擒拿、抓頭髮、點穴、肘尖頂、撈襠、掃腿、膝撞、扼喉等動作者；
6. 攻擊規定以外的身體部位者，均屬於侵人犯規，凡違反以上規定者均給予勸告或警告。

未畫完左、右各兩圈搶先進攻者；比賽中對裁判員不禮貌或不服從裁判者；比賽中進行場外指導者均屬於技術犯規。

違反「侵人犯規」1～5 條之一，每犯規一次，判勸告一次；違反「侵人犯規」6～7 條之一，每犯規一次，判警告一次；技術犯規一次，判勸告一次。

十、評定名次

比賽結束後，計算運動員的得分，得分多者為勝方。得分相等時，按下列原則處理：按太極拳套路考核成績評定，得分高者為勝方。如仍相等，以體重輕者為勝方。如仍相

等，以警告少者為勝方。如仍相等，以勸告少者為勝方。以
上各條件相等時，則判為平局。如採用淘汰制比賽時，應增
加比賽局數，直至分出勝負。

太極推手秘傳

附　錄
太極推手經典理論

　　這部分所錄資料，是傳統的經典拳論，是太極推手的根本原理和基礎理論，對今後的太極推手有著重要的指導作用，應予讀透，加以理解，以利於拳技的提高。現將原文抄錄如下，供廣大讀者研讀。

一、太極拳論（一）

　　一舉動，周身俱要輕靈，尤須貫串。氣宜鼓蕩，神宜內斂。勿使有凸凹處，勿使有斷續處。其根在腳，發於腿，主宰於腰，形於手指。由腳而腿而腰，總須完整一氣，向前退後，乃能得機得勢。在不得機得勢處，身便散亂，其病必於腰腿求之。上下前後左右皆然。凡此皆是意，不在外面。有上即有下，有前即有後，有左即有右。如意要向上，即寓下意，若將物掀起而加以銼之之意。斯其根自斷，乃壞之速而無疑。虛實宜分清楚，一處自有一虛實，處處總此一虛實，周身節節貫串，勿令絲毫間斷耳。

　　長拳者，如長江大海滔滔不絕也。十三勢者：掤、捋、

擠、按、採、挒、肘、靠，此八卦也；進步、退步、左顧、右盼、中定，此五行也，掤、挒、擠、按，即乾、坤、坎、離四正方也。採、挒、肘、靠，即巽、震、兌、艮四斜角也。進、退、顧、盼、定，即金、木、水、火、土也。

原著云：此係武當山張三豐先師遺論，欲天下豪傑延年益壽。不徒作技藝之末也。

（張三豐遺著）

二、太極拳論（二）

太極者，無極而生，動靜之機，陰陽之母也。動之則分，靜之則合。無過不及，隨曲就伸。人剛我柔謂之走，我順人背謂之黏。動急則急應，動緩則緩隨，雖變化萬端，而理為一貫。由著熟而漸悟懂勁，由懂勁而階及神明，然非功力之久，不與豁然貫通焉。虛領頂勁，氣沉丹田。不偏不倚，忽隱忽現。左重則右虛，右重則左杳。仰之則彌高，俯之則彌深。進之則愈長，退之則愈促。一羽不能加，蠅蟲不能落。人不知我，我獨知人，英雄所向無敵，蓋皆由此而及也。斯技旁門甚多，雖勢有區別，概不外乎壯欺弱、慢讓快耳。有力打無力，手慢讓手快，是皆先天自然之能，非關學力而有為也。察四兩撥千斤之句，顯非力勝；觀耄耋能禦眾之形，快何能為。立如平準，活如車輪。偏沉則隨，雙重則滯。每見數年純功不能運化者，率皆自為人制；雙重之病未悟耳。欲避此病，須知陰陽。黏即是走，走即是黏。陰不離陽，陽不離陰，陰陽相濟，方為懂勁。懂勁後，愈練愈精，默識揣摩，漸至從心所欲。本是捨己從人，多誤捨近求遠，

所謂差之毫厘，謬以千里，學者不可不辨焉。

（王宗岳）

三、十三勢行功心解

　　以心行氣，務令沉著，乃能收斂入骨。以氣運身，務令順遂，乃能便利從心。精神能提得起，則無遲重之虞，所謂頂頭懸也。意氣需換得靈，乃有圓活之趣，所謂變動虛實也。發勁需沉著鬆靜，專注一方。立身需中正安舒，支撐八面。行氣如九曲珠，無微不至；運動如百煉鋼，無堅不摧。形如搏兔之鶻，神如捕鼠之貓。靜如山岳，動如江河。蓄勁如開弓，發勁如放箭。曲中求直，蓄而後發。力由脊發，步隨身換。收即是放，放即是收，斷而復連。往復需有折迭，進退需有轉換。極柔軟，然後極堅剛。能呼吸，然後能靈活。氣以直養而無害，勁以曲蓄而有餘。心為令，氣為旗，腰為主宰。

　　又曰：彼不動，己不動；彼微動，己先動。勁似鬆非鬆，將展未展，勁斷意不斷。

　　又曰：先在心，後在身，腹鬆靜氣斂入骨。神舒體靜，刻刻在心，切記：一動無有不動，一靜無有不靜。牽動往來氣貼背，而斂入脊骨。內固精神，外示安逸。邁步如貓行，運動如抽絲。全身意在精神，不在氣，在氣則滯。有氣者無力，無氣者純剛。氣若車輪，腰如車軸。

（武禹襄）

四、太極拳經

太極兩儀，天地陰陽，闔辟動靜，惟柔與剛。屈伸往來，進退存亡，一開一合，有變有常。虛實兼到，忽現忽藏，蹇順參半，進退精詳。或收或放，忽弛忽張，錯綜變化，欲抑先揚。若有事焉，勿助勿忘，日積月累，質而彌光。盈虛有象，出入無方，神以知來，智以藏往。賓主分明，中道皇皇，經權互用，避短揚長。神龍變化，疇測汪洋。徑路纏綿，至速無慌。肌膚骨節，處處開張，不先不後，迎送相當。前後左右，上下四方，轉接機敏，緩急相將。高擎低取，如願相償。

不滯於跡，不涉於虛，誠忠而動，節勢應機。靈氣活潑，浩然神行，虛虛實實，制勝權衡。順來逆往，神鬼莫測，因時制宜，中藏妙訣。外引內擊，中行無偏，聲東擊西，左右逢源。上下相隨，前後相連，全身透空，處處生拳。至疾至速，纏繞回還，離形得似，何非月圓？精練至極，極小也圓，勢如太極，誰識其端？千古一日，至理真傳，身體力行，不可空談。循序漸進，仔細究研，寒來暑往，終躋渾然，其拳即意，其意即拳。

我守我疆，不卑不亢，九折羊腸，不可稍讓，若讓他人，人存我亡，急與爭鋒，能上則上，多占一分，我據形勢，能上不上，立見不祥。一夫當關，萬人失勇，沾連黏隨，會神聚精。運我虛靈，彌加慎重，細膩貼帖，中權後動。虛籠詐誘，妙在一轉，來脈得勢，轉關何難？實中有虛，預防中變，虛中有實，孰測機關。日中則昃，月滿才

虧，敵如詐誘，不可緊追。若逾界限，勢難轉回，況一失勢，雖悔何追。不及為過，過猶不及。

不遮不架，不頂不陷，不軟不硬，不脫不黏。宜輕則輕，斟酌無偏，宜重則重，如虎下山。突如其來，人莫知然，只覺如風，摧倒跌翻。絕妙靈境，難以言傳，試為形狀，手中有權。引得彼來，進由我去，來宜聽真，去貴神速。一窺其勢，便知其隙，隙有可乘，不可不入。失此良機，恐難再得，一點靈境，為君指出，寧可犯病，不可失機。

至於身法，原無一定，無定有定，在人自用。前俯後仰，立坐臥挺，橫豎顛倒，奇正相生。回旋倚側，潛躍皆中，千變萬化，難描其形。氣不離理，一言可罄，開合虛實，即為拳經。日新不已，臻乎神明，渾然無跡，妙手空空。熟能無跡，只在虛空，用力日久，豁然貫通。人能持志，終躋聖位，當知我心，守做一敬。

（陳　鑫）

五、論打手

（一）打手小序

二人打手之際，立身務須中正，方能支撐八面。精神能提得起，則無雙重之虞；意氣須換得靈，乃有圓活之趣；黏依能跟得上，方見落空之妙。往復須分陰陽，進退須有轉合，機由己發，力從人借，蓄勁如張弓，發勁似放箭，曲中求直，蓄而後發。

發勁以前，先要神氣鼓蕩，氣勢騰挪，精神貫注，腹內鬆靜，兩肩鬆開，氣向下沉。勁起於腳跟，變換在腿，含蓄在胸，運動在兩肩，主宰在於腰，上與兩膊相繫，下與兩腿相隨。勁由內換，收即是合，放即是開，靜則俱靜，靜是合，合中寓開。動則俱動，動是開，開中寓合，觸之則旋轉處如，無不得力，這樣才能引進落空四兩撥千斤。

凡擊人之時，發勁要有整勁（即抖勁），發勁時切記不可猶豫。倘不得勢，便不順勁，即不可發勁，發必頂勁（即阻擊也）。如遇此時，即默識揣摩，漸至從心所欲。萬不可彼有力我即以力支撐，本是捨己從人，多誤捨近求遠，所謂差之毫厘，謬以千里，學者不可不詳辨焉，是為序。

（二）初學推手四要

接、隨、走、擁為初學推手四要。

1.接：接定人勁也

不接定人勁，則不能知人，不能知人，則不能從人，不能從人，則必由己，由於由己，則畢生習練亦只能以著打人之身，不能擎起人勁打人之勁與外家無異。

王宗岳《太極拳論》末云：「……本是捨己從人，多誤捨近求遠，所謂差之毫厘，謬以千里，學者不可不詳辨焉。」這是告誡後之學者，不要只學用著打人，以致不自覺地誤入歧途也。

2.隨：隨人而動也

不能隨人而動，就要由己妄動，就不能及時掌握著人勁的動向與企圖，丟、頂、偏、抗等病勢必產生。因此，欲想做到捨己從人，沾連黏隨，引進落空，四兩撥千斤，就必須

在隨字上用工夫。

3.走：走化人力也

不會使自己得機得勢走化人力，使之落空，就不能做到黏依跟得靈，引進落空四兩撥千斤。欲想走化人力後，自己仍能得機得勢，就必須周身一家，上下相隨。首先使自己周身沒有缺陷，然後接定彼勁，靜心聽準彼勁之動向，隨曲就伸使之落空而後發也。

4.擁：擁之使人出中也

初學推手，發人時有發無收，腳手不隨，不能用周身一家之勁。發人用擁，就可免去以後只會用剛勁發人，不會用柔勁拿人，以及推手時動手傷人的缺點。俟有一定基礎之後，即不以擁字為限矣。

（三）推手打勁方法

1.打「來勁」用「截」或「牽」

彼勁已向我來，若來勢不猛，我則正面迎接，而從側面截擊之，使彼不得發揮其力，而為我制；若來勢甚猛速，用截不及，即可用牽，順其力向借其來力而跌之。

2.打「回勁」用「隨」

彼感落空，意欲回收，我黏定其勁，隨彼勁緊逼之，使彼無容身之地。

3.打「停勁」用「串」

彼勁發盡而未變，或彼勁欲進不能，欲退不可時，恃力堅持，我串擊之。即所謂挨肘串肩，挨肩串腰……

4.打「出勁」用「搓」

彼勁將展未展，勁頭剛出，我即換其勁頭而搓之，同時

並對準其腳跟，彼必跌出。

5. 「打悶勁」用「捂」

動勁於周身。以手、肘等處，接定彼勁，神意攏住彼之周身，捂住彼之勁頭，逼定彼之勁根，使彼身不得動，力不得出也。彼勁若堅欲發出，則必經其力還擊其身。

（四）推手四級功

黏、接、靈、化為習練推手的四個階段。

1. 黏：黏連相隨永得機

這時尚不能接勁打人，發勁時還得接觸到對方身上，但自己能引進落空，得機得勢。必須基本上練到周身一家，腳手隨的程度乃可。

2. 接：接定彼肢擊彼力

此接勁打人也，發人時只接觸到對方四肢或身上某一點，即能拔起對方的勁根，使對方不能換力而被發出。必須心靜，身整，接定彼勁，或能用「擎引鬆放」四字訣乃可。

3. 靈：靈虛使人進退難

至此階段，即能引對方完全落空，使之不能自主，既不能進，又不能退，聽我指揮。必須斂氣入骨，接定彼勁，穩化彼力，才能使之深陷我圈內而不能出，聽我指揮；或能用敷、蓋、對、吞四字訣乃可。

4. 化：化為神意無形跡

必須練到神聚，氣斂，心靜，身靈，勁整五者俱備乃可。到此地位，發人動作極小，所謂「意動身不動」矣。像武禹襄晚年，能不動腳手、站著，令人以拳擊其背，將人發出；李亦畬晚年，坐著不動，讓人來擊，將人發出；以及郝

為真曾站著不動，使人擊其胸，能使人跌出，均是實例。

（姚繼祖）

六、走架打手行功要言

昔人云：能引進落空，能四兩撥千斤；不能引進落空，不能四兩撥千斤。語甚概括，初學未由領悟，余加數語以解之，俾有志斯技者，得所從人，庶日進有功矣·

欲要引進落空，四兩撥千斤，先要知己知彼。欲要知己知彼，先要捨己從人。欲要捨己從人，先要得機得勢，先要周身一家。欲要周身一家，先要周身無有缺陷。欲要得機得勢，須封鎖缺陷，先要神氣鼓蕩。欲要神氣鼓蕩，先要提起精神，神不外散。欲要神不外散，先要神氣收斂入骨。欲要神氣收斂入骨，先要兩股前節有力。兩肩鬆開，氣向下沉，勁直起於腳跟，變換在腿，含蓄在胸，運動在兩肩，主宰在腰。上於兩膊相繫，下於兩腿相隨。勁由內換，收便是合，放即是開，靜則俱靜，靜是合，合中寓開，動則俱動，動是開，開中寓合。觸之則旋轉自如，無不得力。才能引進落空，四兩撥千斤。

觀前頁論解圖說詳且盡也，然初學未能驟幾也。予故以意見所及者淺說之，欲後學一目了然焉。

夫拳名太極者，陰陽即虛實，虛實明然後知進退，進固是進，進中留有退步，退仍是進，退中隱有進機。此中轉關在身法，虛領頂勁而拔背含胸，則精神提得起；氣沉丹田而裹襠護臀，則周旋健捷；肘宜屈而能伸，則支撐得勢；膝宜蓄，蓄而能放，則發勁有力。

至與人交手，則手先著力，只聽人勁，務要由人，不要由己，務要知人，不要使人。知己則上下前後左右自能引進落空，則人背我順，此其轉關則在乎鬆肩，主宰於腰，根於腳俱聽命於心，一動無有不動，一靜無有不靜，上下一氣，即所謂立如秤準，活似車輪，支撐八面，所向無敵。

人勁方來，未能發出，我即打去，此謂打悶勁。人勁已來，我早靜待著身即便打去，此謂打來勁。人勁已落空，將欲換勁，我隨打去，此謂打回勁。由此體驗，留心揣摩，自能從心所欲，階及神明焉。

平日走架，是知己功夫，一動勢先問自己周身合上數項不合，少有不合，即速改換，走架所以要慢不要快。打手是知人功夫，動靜固是知人，仍是問己，自己安排得好，人一挨我，我不動彼絲毫，趁勢而入，接定彼勁，彼自跌出，如自己有不得力處，便是雙重未化，要於陰陽開合中求之。所謂「知己知彼，百戰百勝」也。

（李亦畬）

七、打手歌（一）

掤捋擠按須認真，上下相隨人難進。任他巨力來打我，牽動四兩撥千斤；引進落空合即出，沾連黏隨不丟頂。

（王宗岳）

八、打手歌（二）

掤捋擠按須認真，採挒肘靠就屈伸。進退顧盼與中定，

沾連黏隨虛實分。手腳相隨腰腿整，引進落空妙入神。任他
巨力向前打，牽動四兩撥千斤。

（李亦畬）

九、撒放秘訣

擎起彼身借彼力，引到身前勁始蓄。鬆開我勁勿使屈，
放時腰腳認端的。

擎引鬆放四字有四不能：腳手不隨者不能，身法散亂者
不能，一身不成一家者不能，精神不團聚一處者不能。欲臻
此境，須避此病，不然誰終身由之，究莫得其妙。

（李亦畬）

十、太極推手化引拿發訣

化人渾身節節鬆，引宜柔順手莫重。拿準焦點憑意氣，
發賴腰腿主力攻。

（李亦畬）

十一、「腳手隨」歌

手起腳不起，上步防採挒。腳起手不起，前進怕掤擠。
進退手腳隨，遇除可化夷。發勁整且疾，推手日精奇。

（姚繼祖）

十二、太極推手八法訣

八法須認真，四正為根本。一臂莫單行，上下緊相跟。掤撐圓而沉，捋抱順且韌。擠排化在先，按推勁要整。採拿宜拔根，挒驚務相稱。肘屈勿輕使，靠崩必貼身。稱羨雖經年，功夫終難深。不若朝暮練，日久知屈伸。

（沈　壽）

十三、太極拳解

解曰：身雖動，心貴靜，氣須斂，神宜舒。心為令，氣為旗，神為主帥，身為軀使，刻刻留意，方有所得。先在心，後在身，在身則不如手之、舞之。所謂一氣呵成，捨己從人，引進落空，四兩撥千斤也。

須知一動無有不動，一靜無有不靜，視動猶靜，視靜猶動，內固精神，外示安逸，須要從人，不要由己，從人則活，由己則滯，尚氣者無力，養氣者純剛。

彼不動，己不動，彼微動，己先動，以己依人，務要知己，仍能隨轉隨接。以己黏人，必須知人，乃能不後不先。

精神能提得起，則無雙重之虞，黏依能跟得靈，方見落空之妙。往復須分陰陽，進退須有轉合，機由己發，力從人借。發勁須上下相隨，乃一往無敵。立身須中正不偏，能八面支撐，靜如山岳，動若江河，邁步如臨淵，運勁如抽絲，蓄勁如張弓，發勁似放箭。

行氣如九曲珠，無微不至，運勁如百煉鋼，何堅不摧，

形如搏兔之鵠，神如捕鼠之貓，曲中求直，蓄而後發。收即是放，連而不斷。極柔軟然後能極堅剛；能黏依然後能靈活。氣以直養而無害；勁以曲蓄而有餘，漸至物來順應，是亦知止能得矣。

又曰：

先在心，後在身。腹鬆，氣斂入骨，神舒體靜，刻刻在心。切記：一動無有不動，一靜無有不靜。神靜猶動，視動猶靜。動牽來氣貼背，斂入脊骨，要靜。內固精神，外示安逸。邁步如貓行，運勁如抽絲。全身意在蓄神，不在氣，在氣則滯。有氣者無力；無氣者純剛・氣如車輪，腰如車軸・

又曰：

彼不動，己不動；彼微動，己先動。似鬆非鬆，將展未展。勁斷意不斷。

（廉泉武氏識）

十四、意拳正軌

（一）椿法換勁

欲求技擊妙用，須以站椿換力為根始。所謂使弱者轉為強，拙者化為靈也。若禪學者，始於戒律，而後精於定慧，正於心源，了悟虛空，窮於極處，然後方可學道，禪功如此，技擊猶然。蓋初學時，椿法甚繁，如降龍椿、伏虎椿、子午椿、三才椿等，茲去繁就簡，採取各椿之長，合而為一，名曰渾元椿，利於生勁，便於實搏擊精打顧，通氣學。學者鍛鍊旬月，自有效果，亦非筆墨所能表達其神妙也。夫

樁法之學，最忌心身用力，用力則氣滯，氣滯則意停，意停則神斷，神斷則受累，尤忌揚頭折腰，肘膝過於曲直，總以似直非直，似曲非曲為宜，筋絡伸展為是，頭宜下沉，心宜上頂，閭骨宜直，氣宜下沉，心宜靜思，手足指尖稍微用力，牙齒似閉非閉，舌捲似頂非頂，渾身毛孔似鬆非鬆。如是則內力外發，弱者換為強，自不難得其要領也。

（二）鍛鍊筋骨

力生於骨，而達於筋，筋長力大，骨重筋靈，筋靈骨要縮，骨靈則勁實（手足四腕與脖項），則氣自然開展，兩肱橫撐要平，用腕抱開合伸縮勁，兩腿用提、挾、扒、縮、趟、崩、擰、裹勁，肩撐胯墜，尾閭中正神貫頂，脊背三關透九宮。骨節如弓背，筋伸似弓弦，運勁如弦滿，發手似放箭，用力如抽絲，兩手如撕棉，四腕挺勁力自實，沉氣叩齒骨自堅。象其形，龍蹲虎坐，鷹目猿神，貓行馬奔，雞腿蛇身。查其勁，挺腰沉氣，坐胯提膝，撐截裹墜，黏定化隨，若能得此要素。如遇敵時，自能相機而動，變化無窮，任敵巨力雄偉漢，運動一指撥千斤，所謂身有平隼，腰似書生，動若虎龍，總以虛實無定，變化無窮為準則，自能得其神妙之變化，故郭雲深大師常云「有形有意都是假，技到無心始為奇」，蓋即指此也。

（三）用勁

拳術之妙，貴乎有勁，用勁之法，不外剛柔方圓，剛者則堅，柔者靈活，直豎長伸有攻守之力，柔者縮短有驚彈之力，剛則形自方，柔則外方而內圓。伸縮抑揚長短互用，剛

柔相濟，有左剛而右柔，有左柔而右剛，有梢節剛而中節柔，亦有剛實柔虛變化之妙，半柔半剛運使之精，更有柔退而剛進，剛退而柔進，遇虛則柔剛隨其後，遇實則剛而柔在其先。無論千差萬異，總以中線不失，周身光線不斷為樞紐。橫撐開放，光線光芒謂之方，提抱含蓄，中莊生氣謂之圓，所以筋出力而骨生棱，凡出手時，用提、頓、撐、抱、墜、躦、裹、順力逆行，以方作圓。落手時，用含蓄纏綿、滔滔不斷，以圓作方。蓋圓勁能轉頓，開合若連環，若萬縷柔絲百折千回，令人不可捉摸，其玲瓏開朗，如駿馬躍澗，偏面而驕嘶。神采奕奕，壯氣森森，精神內固，如臨大敵，雖劍戟如林，刀斧如山，亦若無人之境，身如強弓硬弩，手如弓滿即發之箭，出手恍如蛇吸食，打人猶如震地雷。夫用勁之道，不宜過剛，過剛易折；亦不宜過柔，過柔不進，須以豎勁而則人，橫勁吞吐而旋繞。此種運勁之法，非心領神會不易得也。若能操之純熟，則勁自圓，體自方，氣自恬，而神自能一，學者其勿惰。

　　求勁之法，慢優於快，緩勝於急，而尤以不用拙力為最妙，蓋運動之時，須使全體之關節，任其自然，不可稍有淤滯之處。骨須靈活，筋須伸長，內須舒放，血須川流，如井之泉脈然，如是方能有一身之法，一貫之力，而本力亦不外溢。若急於拳套是舞，徒用暴力以求其速之美觀，用急暴力者，無不努目皺眉，頓足有聲，先閉其氣，而後用力，即閉而長呼一聲，嘆氣一口，殊不知已大傷其元氣也。往往有數十年之純功，而終為門外漢。目睹皆然，豈非用掘力之所致也。亦有用功百曰而奏奇效者，可知謬途誤人之甚，學者以此求力之法，當細酌之自能有天籟之機，然亦非庸夫所能得

之道也。

（四）練　氣

夫子養性練氣，以致治病、練神化氣以樂道，達摩參禪、東來傳道，始傳洗髓易筋之法，而創意拳及龍虎樁，故為技擊開山之泉，自古名賢大儒，聖人豪傑，金剛佛體，未有不養性練氣及習技擊者。莊子云：「技也而進乎道矣，然技雖小道，殊不知學禮無窮，凡習此技者，非風神瀟灑，而無輕浮狂躁，塵偽之氣，堪與聖賢名儒雅古相稱者，不足學此技也。」

夫練氣之學，以運使為效，以鼻息長呼短吸為功，以川流不息為主旨，以聽氣靜虛為極至，前為食氣出入之道，後為腎氣升降之途，以後天補之術，即周天之轉輪。蓋周天之學，初練時以鼻孔引入清氣，直入氣海，由氣海透過尾閭，旋於腰間，蓋兩腎之本應在於腰，實為先天之第一，諸臟之根源，於是則腎水足矣，然後上升督脈而至九宮，仍歸鼻間，以舌接引腎氣而下，則下腹充實，漸漸結丹入田，此即周天之要義，命名周天秘訣，學者勿輕視之。

（五）養　氣

養氣練氣雖出一氣之源，然性命動靜之學，有形無形之術，各有不同，蓋養氣之學不離乎性，練氣之學不離乎命，神即是性，氣即是命，故養氣之術須由性命參入。夫性命之道，非言語筆墨所能述其詳也，況道本無言，能言即非道，故孟子云：「難言也。」今以難言而強言之，惟道本無也，無者天地之源萬物之根。人有生死，物有損壞，道乃永存，

其大無外，其小無內，視之無形，聽之無聲，而能包羅萬象，有天地彌滿、六合塞充、乾坤混合、宇宙性命之學，亦即天地陰陽也。然欲養氣修命，須使心意不動，心為君火，動為像火，君火不動，像火不生；像火不生，氣念自平，無念神自清，清而後心意定。故云一念動時皆是火，萬像寂靜方成真，常使氣通關節敏，自然精滿骨神存，若能有動之動出於不動，有為之為出於無為，天為則神歸，神歸則萬物寂，物寂則氣眠，氣眠則萬物無生，耳目心意俱忘，即諸妙之園也。如對鏡忘鏡，不忱於六賊之魔，居塵超塵，不落於萬緣之化，誠能內觀其心；外觀其形，形無其形；達觀其物，物無其物。三味俱悟，即是虛空，空無所空，所空欲空，空空亦無，大抵人神好清而心擾之，人心好靜而欲亂之。故言神者不離性氣者，不離命，若影隨形，不失毫厘。

（六）五行合一

五行者，生剋制化之母，亦即萬物發源之本也。如世俗之論五行者，則曰：金生水，水生木，木生火，火生土，土生金，謂之相生。金剋木，木剋土，土剋水，水剋火，火剋金，謂之相剋。此朽腐之論，難近拳理，而亦知拳術為何物。又曰：某拳生某拳，某拳剋某拳，此論似亦有道理。若以拳理研究之，當兩手相擊時，豈能有暇而及此也，若以目之所見，心再思之，然後出手制之，餘實在不敢相信，況敵之來勢，逐迭更變，安有以生剋之說，能制勝之理，此生剋之學，欺人誤人謬談之甚也。若能不期然而然，莫知擊而手足已致，尚不敢說能制人，如以腦力所度，心意所思，出手論招，操技論套，是門外漢也，不足以談拳。

343

附錄　太極推手經典理論

蓋拳術中所謂五行者，換言之：金力、木力、水力、火力、土力是也，即渾身之筋骨堅硬如鐵石，其性屬金，故曰金力。所謂皮肉如綿，筋骨如鋼之意也，四體百骸，無處不有若樹木之曲直形，其性屬木，故曰木力。身體之行動，如神龍游宮嬌蛇游水，猶水之流，行蹤無定，活潑隨轉，其性屬水，故曰水力。發手如炸彈之爆裂，忽動如火之燒身，猛烈異常，其性屬火，故曰火力。周身圓滿敦厚沉實，意若山岳之重，無處不生鋒芒，其性屬土，故曰土力。凡一舉一動，皆有如是之五種力，此方屬五行合一也。

總之，神合勁合光線合，全身之法相合，謂之合。非形勢相對謂之合，甚亦哉！六合之誤人也，學者慎之慎之。

（七）歌訣

歌訣者，拳術之精粹也，若能參透其意，究透其理，自然得道矣。心愈專、意昧三、精愈堅、氣愈安、神愈鮮，此學技五大要素也・渾靈身一貫，形具切忌散，周身用力無處不圓滿，取內圓外方之意，始終不懈。

拳出如流星，變手似閃電（變化迅速、神捷果敢），舌捲齒要叩（舌尷肉之梢，肉為氣之囊，舌捲氣降，注於氣海，又能接引腎氣，結丹入田，齒為骨梢，叩之骨堅）。

頭頂如懸磬（頭為六陽之首，五關百骸，莫不本此，頭頂若懸，三關九竅易通，自能白雲朝頂，一點靈光頂頭見，亦禪學之要素也）。兩目神光耀（精光收縮而尖銳），鼻息耳凝斂，心目宜內斂（以鼻作長呼短吸之功，耳目心作收視反聽之用）。腰轉如滑車，進足如鋼鑽（靈敏活潑，進躓奪位），提裏扒縮，滾銼兜撐擰（動靜須有此力）。手足指抓

力，毛孔如生電（指為筋梢，扣則力自充，周身毛髮為血梢，血為氣之膽，毛孔不睜，毛髮不堅，則血不充，血不充，則氣不振，氣不振，則力不實，力不實，則必失戰鬥力）。

（八）交手經法

人之本性，各有不同，有聰明者，有智慧者，有毅力恆心者，有沉著精敏者，更有奸滑陰毒者，其性不同，其作為亦因之而異，如技術之擊法亦然，有具形而出，無形而落，敗勢而往，發聲而來，千變萬化，不能盡述。須以功力純篤，膽氣放縱，處處有法，不期而然，莫知至而至，身如快似馬，手動速如風。平時練習，三尺以外，七尺以內，如臨大敵之象。交手時，有人似無人之境，頭要豎起，腰要挺起，下腹要充實，兩肱撐起，兩腿夾起，自頭至足，一氣相貫。膽怯心虛，不能取勝，不能察言觀色者，亦不能取勝。總之敵不動，我沉靜，敵微動，我先發。所謂打頭之要，亦擊其先者也。不動如書生，動則如虎龍。發動似迅雷，迅雷不及掩耳，然所以能勝敵者，皆在動靜之間，動靜，已發而未發之間，謂之其動靜也。手要靈，足要輕，進退旋轉似貓行，身要正，目斂精，手足齊到定要贏，手到步不到，打人不為妙，手到步亦到，打人如拔草。上打咽喉下打陰，左右兩肋在中，「拳打丈外不為遠，近者只在一寸間，手出如巨炮響，足落似樹栽根」，眼要毒，手要奸，步踏中門，躦入重心奪敵位，即是神仙亦難防。

「用拳須透爪，用掌要有氣」，上下意相連。出入以心為主宰，眼手足隨之。兩足重量，前四後六，用時顛倒互

換，大有定位者步也，無定位者亦步也。如前足進後足隨，前足有定位，以前步作後步，以後步作前步，更以前步做後之前步，以後步做前之後步，前後無定位矣。左右反背如虎搜山，乘勢勇猛不可擋，斬拳迎門取中堂，搶上搶下勢如虎，鶻落龍潛下雞場，翻江倒海不須忙，丹鳳朝陽勢為強，雲遮天地日月交，武藝相爭見短長，三星對照，四梢會齊，五行俱發，六合彌結，勇往前進，縱橫高低，進退反則。縱則放其力，勇往而又返；橫則裹其開合而莫擋；高則揚其身，而身若有增長之意；低則縮其身，而身若有躦捉之形。當進則進摧其身，當退則退領其氣，至於返身顧後，亦不覺其為後，後即前也。側顧左右亦不覺為左右矣。進頭進手須進身，身手齊到法為真，內要提，外要隨，打要遠，氣要摧，拳似炮，龍折身，發中要絕隨意用，解開其意妙如神，鶴子入林，燕抄水，虎捉綿羊抖威風。取勝四梢都要齊，不勝自有懷疑心。聲東擊西，指南打北，上虛下實，靈機自揣摩，左拳出，右拳至，單手出雙手回。拳由心窩去，發向鼻尖前。鼻為中央之土，萬物產生之源，沖開中央全體皆糜。兩手結合迎面出，自然把定五道關。身如弩弓拳如彈，弦響鳥落見奇鮮。遇敵猶如身著火，打破硬進無遮攔。

何為顧？顧即是打，打即是顧。發手即是處。計課精度化，動轉用精神。心毒為上策，手狠方勝人。何為閃？何為進？進即是閃，閃即是進。不必遠求尚美觀，只在眼前一寸間。靜如處子，動如雷電，肩窩吐勁，氣貫掌心，意達指尖處，氣發自丹田。按實用力，吐氣開聲，遇敵來勢兩相交，風雲雷雨一齊到。

（九）龍法

龍法有云，云龍五現，曰滄海龍吟，青龍探海，烏龍翻江，神龍游空，神龍縮骨。其為物也，能剛能柔，能伸能降，能隱能現。不動如山岳，動之如風雲，無窮如天地，充實如太滄，浩氣如四海，玄曜如三光。度來勢之機會，揣敵人之長短。靜以待動，動中處靜。以進為退，以退為進。有直出而則入，斜進而豎擊。柔者而驚抖，剛未而纏繞。縮骨而放勁而落。縮即發也，放亦即縮。甲欲透骨而入髓，發動意在數尺間。

（十）虎法

虎法亦有六，曰猛虎出林，怒虎驚嘯，猛虎搜山，餓虎刨食，猛虎搖頭，猛虎跳澗。揣其性靈，強而精壯，橫衝直撞，兩不排山，猛進猛退，長撲短用。如刨食若搖頭，猶狸貓之捕鼠，頭頂爪抓，鼓蕩周身，起手如鋼銼，用斬抗橫兜順，落手似勾杆，用劈摟搬撤撐，沉打分撐，伸縮抑揚。頭要撞人，氣要襲人。借法容易上法難，還是上法最為先，較技者不可思悟，思悟者寸步難行。寧叫一思進，莫叫一思退，有意莫帶形，帶形必不贏。猶如生龍活虎，吟嘯叱咤應山搖，其壯哉如龍虎之氣，臨敵毫不虛，安有不勝之理哉。總之，龍虎二法，操無定勢，勢猶虎奔三千，氣若龍飛萬里。勁斷意不斷，意斷神連。非口傳心授，莫能得也。聊寫其大意，未克其詳述。

（十一）意拳正軌

意拳之正軌，不外古勢之老三拳，與龍虎二氣。龍虎二氣為技，三拳為擊。三拳者，踐、躦、裹也。踐拳外剛內柔有靜力（又曰：挺力），曰虛中，以含蓄待發之用。躦拳外柔內剛，如綿裹鐵，有彈力，曰實中，乃被動反擊之用。裹拳剛柔相濟，有驚力，曰化中，乃自動之用。任敵千變萬異，一驚而即敗之，所謂樞紐得其環中，以應無窮。

（王薌齋）

太極推手秘傳

展出版社有限公司
品冠文化出版社

圖書目錄

地址：台北市北投區(石牌)
致遠一路二段 12 巷 1 號
郵撥：01669551＜大展＞
19346241＜品冠＞

電話： (02) 28236031
28236033
28233123
傳真： (02) 28272069

·少 年 偵 探· 品冠編號 66

1.	怪盜二十面相	（精）	江戶川亂步著	特價	189 元
2.	少年偵探團	（精）	江戶川亂步著	特價	189 元
3.	妖怪博士	（精）	江戶川亂步著	特價	189 元
4.	大金塊	（精）	江戶川亂步著	特價	230 元
5.	青銅魔人	（精）	江戶川亂步著	特價	230 元
6.	地底魔術王	（精）	江戶川亂步著	特價	230 元
7.	透明怪人	（精）	江戶川亂步著	特價	230 元
8.	怪人四十面相	（精）	江戶川亂步著	特價	230 元
9.	宇宙怪人	（精）	江戶川亂步著	特價	230 元
10.	恐怖的鐵塔王國	（精）	江戶川亂步著	特價	230 元
11.	灰色巨人	（精）	江戶川亂步著	特價	230 元
12.	海底魔術師	（精）	江戶川亂步著	特價	230 元
13.	黃金豹	（精）	江戶川亂步著	特價	230 元
14.	魔法博士	（精）	江戶川亂步著	特價	230 元
15.	馬戲怪人	（精）	江戶川亂步著	特價	230 元
16.	魔人銅鑼	（精）	江戶川亂步著	特價	230 元
17.	魔法人偶	（精）	江戶川亂步著	特價	230 元
18.	奇面城的秘密	（精）	江戶川亂步著	特價	230 元
19.	夜光人	（精）	江戶川亂步著	特價	230 元
20.	塔上的魔術師	（精）	江戶川亂步著	特價	230 元
21.	鐵人Q	（精）	江戶川亂步著	特價	230 元
22.	假面恐怖王	（精）	江戶川亂步著	特價	230 元
23.	電人M	（精）	江戶川亂步著	特價	230 元
24.	二十面相的詛咒	（精）	江戶川亂步著	特價	230 元
25.	飛天二十面相	（精）	江戶川亂步著	特價	230 元
26.	黃金怪獸	（精）	江戶川亂步著	特價	230 元

·生 活 廣 場· 品冠編號 61

1.	366 天誕生星	李芳黛譯	280 元
2.	366 天誕生花與誕生石	李芳黛譯	280 元
3.	科學命相	淺野八郎著	220 元
4.	已知的他界科學	陳蒼杰譯	220 元

5.	開拓未來的他界科學	陳蒼杰譯	220 元
6.	世紀末變態心理犯罪檔案	沈永嘉譯	240 元
7.	366 天開運年鑑	林廷宇編著	230 元
8.	色彩學與你	野村順一著	230 元
9.	科學手相	淺野八郎著	230 元
10.	你也能成為戀愛高手	柯富陽編著	220 元
11.	血型與十二星座	許淑瑛編著	230 元
12.	動物測驗─人性現形	淺野八郎著	200 元
13.	愛情、幸福完全自測	淺野八郎著	200 元
14.	輕鬆攻佔女性	趙奕世編著	230 元
15.	解讀命運密碼	郭宗德著	200 元
16.	由客家了解亞洲	高木桂藏著	220 元

・女醫師系列・品冠編號 62

1.	子宮內膜症	國府田清子著	200 元
2.	子宮肌瘤	黑島淳子著	200 元
3.	上班女性的壓力症候群	池下育子著	200 元
4.	漏尿、尿失禁	中田真木著	200 元
5.	高齡生產	大鷹美子著	200 元
6.	子宮癌	上坊敏子著	200 元
7.	避孕	早乙女智子著	200 元
8.	不孕症	中村春根著	200 元
9.	生理痛與生理不順	堀口雅子著	200 元
10.	更年期	野末悅子著	200 元

・傳統民俗療法・品冠編號 63

1.	神奇刀療法	潘文雄著	200 元
2.	神奇拍打療法	安在峰著	200 元
3.	神奇拔罐療法	安在峰著	200 元
4.	神奇艾灸療法	安在峰著	200 元
5.	神奇貼敷療法	安在峰著	200 元
6.	神奇薰洗療法	安在峰著	200 元
7.	神奇耳穴療法	安在峰著	200 元
8.	神奇指針療法	安在峰著	200 元
9.	神奇藥酒療法	安在峰著	200 元
10.	神奇藥茶療法	安在峰著	200 元
11.	神奇推拿療法	張貴荷著	200 元
12.	神奇止痛療法	漆浩著	200 元

・常見病藥膳調養叢書・品冠編號 631

| 1. | 脂肪肝四季飲食 | 蕭守貴著 | 200 元 |

2. 高血壓四季飲食　　　　　　秦玖剛著　200 元
3. 慢性腎炎四季飲食　　　　　魏從強著　200 元
4. 高脂血症四季飲食　　　　　　薛輝著　200 元
5. 慢性胃炎四季飲食　　　　　馬秉祥著　200 元
6. 糖尿病四季飲食　　　　　　王耀獻著　200 元
7. 癌症四季飲食　　　　　　　　李忠著　200 元
8. 痛風四季飲食　　　　　　　魯焰主編　200 元
9. 肝炎四季飲食　　　　　　　王虹等著　200 元
10. 肥胖症四季飲食　　　　　　李偉等著　200 元
11. 膽囊炎、膽石症四季飲食　　謝春娥著　200 元

・彩色圖解保健・品冠編號 64

1. 瘦身　　　　　　　　　　　主婦之友社　300 元
2. 腰痛　　　　　　　　　　　主婦之友社　300 元
3. 肩膀痠痛　　　　　　　　　主婦之友社　300 元
4. 腰、膝、腳的疼痛　　　　　主婦之友社　300 元
5. 壓力、精神疲勞　　　　　　主婦之友社　300 元
6. 眼睛疲勞、視力減退　　　　主婦之友社　300 元

・心 想 事 成・品冠編號 65

1. 魔法愛情點心　　　　　　　結城莫拉著　120 元
2. 可愛手工飾品　　　　　　　結城莫拉著　120 元
3. 可愛打扮 & 髮型　　　　　　結城莫拉著　120 元
4. 撲克牌算命　　　　　　　　結城莫拉著　120 元

・熱 門 新 知・品冠編號 67

1. 圖解基因與 DNA　　　（精）　中原英臣主編　230 元
2. 圖解人體的神奇　　　（精）　米山公啟主編　230 元
3. 圖解腦與心的構造　　（精）　永田和哉主編　230 元
4. 圖解科學的神奇　　　（精）　鳥海光弘主編　230 元
5. 圖解數學的神奇　　　（精）　柳 谷 晃著　250 元
6. 圖解基因操作　　　　（精）　海老原充主編　230 元
7. 圖解後基因組　　　　（精）　才園哲人著　230 元

・武 術 特 輯・大展編號 10

1. 陳式太極拳入門　　　　　　馮志強編著　180 元
2. 武式太極拳　　　　　　　　郝少如編著　200 元
3. 中國跆拳道實戰 100 例　　　　岳維傳著　220 元
4. 教門長拳　　　　　　　　　蕭京凌編著　150 元
5. 跆拳道　　　　　　　　　　蕭京凌編譯　180 元

國家圖書館出版品預行編目資料

太極推手秘傳／安在峰 編著
——初版，——臺北市，大展，2005〔民94〕
面；21公分，——（武術特輯；66）
ISBN 957-468-376-1（平裝）

1.太極拳

528.972 94003865

太極推手秘傳

ISBN 957-468-376-1

編　　著／安在峰

責任編輯／盧　　靜　駱勤方

發 行 人／蔡森明

出 版 者／大展出版社有限公司

社　　址／台北市北投區（石牌）致遠一路2段12巷1號

電　　話／（02）28236031·28236033·28233123

傳　　眞／（02）28272069

郵政劃撥／01669551

網　　址／www.dah-jaan.com.tw

E - mail／service@dah-jaan.com.tw

登 記 證／局版臺業字第2171號

承 印 者／高星印刷品行

裝　　訂／建鑫印刷裝訂有限公司

排 版 者／弘益電腦排版有限公司

初版1刷／2005年（民94年）6月

定　價／300元

大展好書　好書大展

品嘗好書　冠群可期

大展好書　好書大展
品嘗好書　冠群可期